ドイツがわかる——歴史的・文化的背景から読み解く

Deutschland verstehen

はしがき

２０１９年はベルリンの壁が崩壊して30年、そして２０２０年はドイツが再統一して30周年にあたります。日本でも平成の30年が過ぎ、新しい令和の時代が始まりました。この30年の間に、ドイツを含めたヨーロッパは大きな変化を経験しました。主なものを挙げただけでも、労働市場と社会保障の改革、統一通貨ユーロの導入、ＥＵとＮＡＴＯの東方拡大、グローバル化の進展、リーマンショック、ユーロ危機、頻発するテロ事件、移民や難民の大量流入と右派勢力の台頭などがありました。ドイツ社会でも少子高齢化やさまざまな格差の拡大が続いています。

このように広範囲におよぶ転換にもかかわらず、長年培われてきた考え方や価値観は根本的に変わることなく連綿と受け継がれ、ドイツ社会の基盤となっています。本書では、ドイツ社会の仕組みとそれを作り上げているドイツ人の考え方と価値観を歴史的・文化的背景から読み解いて、さまざまな変化に対処していくドイツ社会とドイツ人の姿を描き出したいと考えています。

第１章ではドイツ人の日常を出発点に、ドイツ社会の多様な様相を取り上げ、ドイツ人の信条や価値観を探っていきます。そして、第2章ではドイツ社会の根幹をなす5つの要素、「連邦共和国」、「キリスト教文化」、「社会福祉国家」、「多民族国家」、「ＥＵの中のドイツ」をキーワードに、ドイツ社会の文化的・歴史的深層に分け入り、ドイツとドイツ人をより深く理解する手助けとなるよう心掛けました。

ドイツも、少子高齢化、社会保障制度改革、格差拡大、移民受け入れ、環境問題といった課題に直面しています。これらは今日の日本社会にも共通するものです。私たちの社会の問題を考える時、ドイツ人の考え方や問題への取り組み方を知ることは有意義だと思います。類似した問題に対して違ったアプローチの仕方があることに気づき、そこから私たちの社会、価値観、生活・文化に対する問いかけが生まれ、さらに新たな視点や解決策へとつながっていくかもしれません。本書がドイツという異文化の理解だけにとどまらず、私たちの考え方や価値観を見つめ直し、私たちの社会と文化に対する認識を一層深める契機ともなれば、これに勝ることはありません。

なお本書では、便宜上1ユーロを130円として計算していることをここに書き添えさせていただきます。

最後に、この本の出版のためにご尽力いただきました三修社編集部の方々には心から感謝を申し上げます。

著者

2019年9月

第2章　ドイツを深く理解するためのキーワード

第1章　ドイツ人の暮らしと信条

1. 平均的ドイツ人とは

典型的ドイツ人はトーマス・ミュラー44歳

ドイツでは、統計データから平均的ドイツ人像を描き出そうという試みがよく行われている。そのなかで、連邦統計局のデータから浮かび上がってくる平均的ドイツ人は次のようなものだ。名前はトーマス・ミュラー、男性、44歳3か月。身長178㎝、体重84・3kgで、やや太り気味。妻の名はザビーネ、41歳。身長165㎝、体重68・4kg。最も多い瞳の色はブラウン。2人が結婚したのは、彼が37歳で、彼女が34歳の時。子どもは1人ないし2人。娘の名はゾフィーで、息子はマキシミリアン。

年間59・8kgの肉を食べている。そのうち豚肉が36kg、鶏肉が12・5kg、牛肉が10kg。トーマス・ミュラーがお昼によく食べる料理は、キノコクリームソースをかけたカツレツにフライドポテトを添えたもの、その次はスパゲッティ・ボロネーゼである。

これはあくまでも統計的にみてありそうなドイツ人ということだ。

ドイツには約50万種類の名字があるとされているが、そのなかで一番多いのが「ミュラー」である。ファーストネームは男性では「トーマス」、女性では「ザビーネ」が最も多い。それでドイツ人の一般的な名前は「トーマス・ミュラー」だというわけだ。でも実際のところトーマス・ミュラーという名のドイツ人は約5万人しかいない。

ビールの大ジョッキを片手に、満面の笑みを浮かべるビール腹のドイツ人が描かれることがよくある。実際、ドイツの街を歩いていると太った人がよく目につく。体重（kg）を身長（m）で2回割った数値のＢＭＩ値は、成人男性が平均27・2、成人女性が25・7となっている。ＢＭＩ値が25を超えると過体重（太りすぎ）、30を超えると肥満とされる。ドイツでは肥満の人が男性で約18％、女性で約15％いる。過体重ランキングでＯＥＣＤ加盟国中堂々の5位にランクされているが、肥満率では14位にすぎない。なお、両ランキングで首位を占めているのは米国、最下位は日本となっている。

一番住みやすい町は

このほど、ドイツの公共放送ＺＤＦ（ドイツ第2テレビ）がドイツの町の住みやすさランキングを発表した。調査会社の協力を得て、「仕事と居住」、「余暇と自然」、「健康と安全」の3分野ごとに各１００点満点で点数化して、ランク付けしたものである。

総合点でトップに輝いたのは、アルプスに近いバイエルン州の州都ミュンヘンだ。各分野で70点前後と安定していて、合計２０７点だった。第2位は南西部の大学都市ハイデルベルクで、総合２０５点となっている。人口は約15万人で、ネッカー川に面し、観光客に人気の古城とドイツ最古の大学がある。3位はミュンヘンから南西に25㎞離れたシュタルンベルクで、総合点204点を獲得した。アルプスの麓にあって、湖水に囲まれた風光明媚な保養地である。そのほか、金融の町フランクフルトは57位、北の港町ハンブルクは155位、首都ベルリンは189位となっている。これらの大都市は「仕事と居住」と「健康と安全」の分野で大きく順位を落としている。

分野別では、仕事や生活に最も適した町はエアランゲンである。バイエルン州北部に位置し、人口約14万人のこじんまりした町だが、世界的スポーツ用品メーカーのアディダスとプーマ、そして総合電機メーカーのシーメンスが拠点を置いている。「余暇と自然」分野では、ユネスコ世界遺産のあるポツダムがトップとなっている。旧東ドイツ地域にあるポツダムは首都ベルリンの南西にあり、サンスーシ宮殿など歴史的建築物が多い。加えて世界的に有名な映画スタジオもある。「健康と安全」面ではバイエルン州のバート・テルツ・ヴォルフラーツハウゼンが1位である。アルプスの麓の景勝の地で、温泉保養地もある。こうして見てくると、住みやすい町はバイエルン州に多いようだ。

では、給与面ではどうだろうか。連邦雇用エージェンシーのデータによれば、給与が最も高い州はハンブルク州、都市ではバイエルン州のインゴルシュタットとなる。

フルタイム労働者の税込み月収の中央値はドイツ全体で3209ユーロ（約41万7000円）である。やはりまだ東西格差が残っていて、旧西ドイツ地域では3339ユーロ、旧東ドイツ地域は2600ユーロとなっている。州別では、ハンブルク州が3619ユーロでトップ、これにバーデン・

住みやすい町のひとつ、ハイデルベルクの中心部
ネッカー川沿いの古城の町

ヴュルテンベルク州、ヘッセン州が続く。ワースト5には旧東ドイツ地域の5州が名を連ねており、最下位はバルト海沿岸のメクレンブルク・フォアポンメルン州の2391ユーロである。ハンブルクとは毎月1200ユーロ（約15万6000円）以上もの差がある。

個別の都市を見ると、大企業の拠点がある町や大都市に隣接する町で給与が高くなっている。月収第1位のインゴルシュタット（4635ユーロ）には自動車メーカーのアウディとその部品会社がある。2位はニュルンベルクに隣接する大学都市エアランゲン（4633ユーロ）で、すでに書いたようにアディダス、プーマ、シーメンスが拠点を置いている。これに続くのがフォルクスワーゲンの城下町ヴォルフスブルク（4622ユーロ）である。そのほか、ミュンヘン（4227ユーロ）は7位、フランクフルト（4182ユーロ）は9位となっている。そして、最下位は東部ドイツのザクセン州にある町ゲルリッツで、月給の中央値は2183ユーロ（約28万4000円）である。1位のインゴルシュタットの実に半分以下となっているのだ。

ドイツではボーナスはなく、せいぜい夏に支給される休暇手当と冬のクリスマス手当くらいだ。それぞれだいたい給与1か月分だが、数百ユーロしか払わない会社もあるし、支給しない企業さえある。さらに、所得税や社会保険料が高いので、手取り収入は税込み給与の60％以下になる。

ドイツ人が大切にするもの

家族と健康が第一という点では、ドイツ人も他のヨーロッパ人と一致している。しかし、詳細にみていくと微妙な違いが浮き彫りになってくる。

ドイツ人はお金や出世よりも私生活を大事にしている。アンケート調査では、一番大切なものとして我が家と自由時間が断トツの1位と2位を占めている。英国人はこの1位と2位が入れ替わっているが、その他の項目との差はそれほど大きくない。フランス人の場合はお金が第1位だが、我が家、自由時間、出世も同じくらい大切に思っている。イタリア人は出世を一番にあげている。

では、自由時間には何をしているのだろうか。仕事を終えた後の余暇時間に何をしてリラックスするかというアンケートでは、テレビを観ると答えた人が最も多かった。僅差の2位がネットサーフィン、3位は読書だった。

ドイツ人が持ち家とともに大切に思っているのが家族だ。若者の63%が家族を持ちたいと望んでいる。子どもはできれば2人ほしいとしている。だから、持ち家で家族と過ごすプライベートな時間が大事なのである。それにもかかわらず、子どもと遊ぶ時間は1日平均13分しかないというアンケート結果がある。そして、夫婦の3組に1組が離婚している。結婚7年目の離婚が最も多い。それでも結婚期間は長くなっていて、1991年に平均11年9か月だったのが、今では15年になっている。

また、親としても悩んでいるようで、女性の4分の3が母親としての自分に合格点をつけていない。男性の3分の2は父親の役目を十分に果たしているか自信が持てないでいる。そんな親の悩みを子どもたちもわかっているらしく、子どもたちの3分の1が、両親はすべてを完ぺきにこなそうとするあまりかえってストレスを感じているようだと考えている。ただ、救いなのは、子どもたちの90%が自分の両親が世界一だと思っている。

外から見たドイツ人像

外国でドイツ人がどう見られているのかを端的に表すのが、ドイツ人に対する呼び名である。たいていはちょっと馬鹿にしたようなものだ。

英語では「クラウト」と呼ばれている。これはドイツ人がよく食べるザウアークラウト（塩漬けのキャベツを発酵させた食べ物）に由来している。しかし統計では、ザウアークラウトを食べないドイツ人が半数を超えている。むしろ、「デーナー」と呼ぶほうが正しいと主張する人がいる。トルコ料理のデーナーケバブはドイツ人が最も好きなファストフードで、年間4億食以上が消費されているからだ。

英米では「フリッツ」とも呼ばれている。ドイツで一般的な名前のフリードリヒを縮めた言い方だ。オランダでは「モッフェン」（かび臭い）、フランスでは「ボシュ」（頑固者）、オーストリアでは「ピーフケ」（ベルリンに多い名字で、プロイセンというイメージ）となっている。

ドイツに好感を抱いている国は英国、フランス、米国、カナダ、韓国で、スペインとイスラエルでは好感度が低い。ナチスによるユダヤ人大虐殺（ホロコースト）の過去からイスラエルが悪感情を持っているのはわかるとしても、スペインは意外な感じがする。スペインには毎年たくさんのドイツ人が旅行や休暇で来ているのだが、スペインを経済力の弱い国として見下したような態度が鼻につくのかもしれない。

イタリア人はドイツ人を傲慢だとみており、ナチスやヒトラーを思い浮かべる人が10％いる。英国の子どもたちの57％がドイツはヨーロッパで一番退屈な国と考えている。ユーモアに富んだ国民のランク付けでは、ドイツは30か国中最下位に沈んでいる。実際、ドイツ人の１００人に１人が1年以上笑ったことがないとしており、また10人に１人が自分にはユーモアがないと認めている。にもかかわらず、男性の74％、女性の69％が、その気になれば満場を笑わすことができると思っている。

おもしろい統計

〈財布の中身〉

ドイツ人の財布の中には平均103ユーロ（約1万3400円）の現金が入っている。これは他のヨーロッパ人に比べてかなり多い。イタリア人は69ユーロ、フランス人にいたっては32ユーロしか持っていない。

ドイツ人はヨーロッパの中でも有名な現金信奉者で、クレジットカードはあまり信用していない。買い物などの支払い手段としては現金が約75％を占め、クレジットカードは1・5％でしかない。クレジットカードで支払うのは50ユーロ以上の買い物をした時。最も多い暗証番号は「1234」だ。スマホ決済にいたっては97％の人が利用するつもりはないとしている。そして、キャッシュレス化には75％が反対している。

〈清潔感〉

ドイツ人は清潔好きで知られている。外国に旅行する時、消毒液をよく持っていくとされている。旅先の衛生基準が本国並ではないと思っているようだ。そのくせ男性の10人に1人がトイレの後手を洗わない。そのせいか、女性の5人に1人、男性の8人に1人が、出会った時や別れの時に握手をしないようにしている。

ドイツ人は夜に入浴せず、朝にシャワーを浴びる習慣がある。毎日シャワーを浴びるのはドイツ人の約66%だが、フランス人はこの割合が約84%、イタリア人は約57%。ドイツ人がシャワーに費やす時間は6~11分となっている。トイレまたは浴室のないマンションが68万戸あり、どちらもないのは33万戸だ。男性の5人に1人が下着を1日以上着ている。そして、ドイツ人の3人に1人が下着にアイロンをかけている。

ドイツ人は居住環境を重視し、住居の快適性、とりわけ清潔さに大きな価値を置いている。すべてがきちんと整理整頓されていて、各部屋はもちろん、キッチンやバスルーム、窓ガラスに至るまで常にきれいに磨き上げられている。これはドイツのホテルでもその真価を発揮している。どんな田舎の町でも、どんな安いホテルでも、掃除が行き届いていて清潔である。


〈危険な祝日〉


連邦統計局によれば、2017年に飲酒運転による交通事故件数が多かった日は「父の日」270件、元日234件、メーデー(5月1日)176件となっている。これらの祝日はいずれも飲酒をともなってにぎやかに過ごす日である。飲酒事故は1日あたり平均97件となっているので、いかに多発しているかがわかる。

父の日自体は休日ではないが、この日は「キリスト昇天祭」という全国共通の祝日にあたっている。5月または6月の木曜日が休日となるキリスト教の祭日で、復活したイエスが再び天に昇っていったとされている。この父の日はドイツでは「男たちの休日」とも呼ばれ、男性たちが集まってハイキングや小旅行に出かけ、行き先の行楽地や飲食店で心置きなく飲食をする習慣がある。男たちだけで大いに盛り上がり、当然アルコールの量が増え、殴り合いのけんかにまで発展することさえある。こうして、いつも以上にアルコールを摂取した人たちがハンドルを握るから、いきおい交通事故が増えるというわけだ。

2. 国土と言葉

遠くて近い国

ドイツは日本から直線距離で約9200km離れている。直行便の飛行機で11時間から12時間かかる。そして、日本よりだいぶ北に位置している。ドイツの空の玄関フランクフルトが北緯50度、南部にあるバイエルン州の首都ミュンヘンが北緯48度にあるのに対し、日本の最北端は北緯45度である。それで夏は日本より日が長く、冬は日が短い。しかし、ドイツは酷寒の地ではなく、西岸海洋性気候の影響を受けて比較的穏やかで、日本と同様に四季の区別がある。

日本との時差は8時間で、日本のほうが8時間早い。ドイツでは夏時間制が採用されていて、この期間中は時計を1時間進めるので7時間の時差となる。夏時間への切り替えは3月下旬に、冬時間への切り替えは10月下旬に、いずれも日曜日の午前2時に行われる。だが、この時間の切り替えは、EUでは2021年に廃止されることになっており、2021年以降の対応については加盟国間で調整が行われている。

ドイツの人口は約8250万人で、ロシアに次いでヨーロッパ第2位である。国土の広さはフランス、スペインよりも小さく、35万7000㎢。日本は37万7000㎢である。ドイツはヨーロッパ大陸の中央に位置し、海には北部で面しているだけだ。9か国と陸続きで国境を接しているが、海を隔てたという条件付きながらスウェーデンも隣国に加えることができる。

日本は国土の約70%が山地で、原生林を含めた森林でおおわれている。森林の面積はドイツより広い。ドイツでは農地が約55%、森林が30%強、住宅地が6%弱である。平野と丘陵地が主体であるから、実質的に利用できる国土からいえばドイツのほうがはるかに広い。北部は北海とバルト海沿岸に散らばる多数の島々に始まり、平坦で湖沼に富んだ地形が広がる。中部で中低山や森林地帯に変わり、南部では起伏ある風景を展開して、アルプスに連なる国境の山岳地帯で終わっている。バイエルン・アルプスにはドイツの最高峰ツークシュピッツェ（2962m）がそびえ立っている。

日本でもよく知られているライン川は「父なる川」と呼ばれ、ドイツを南から北に流れる。ドイツ内での総延長が865㎞におよぶ最大河川であり、その大部分は船の航行が可能である。ライン川流域は気候が温暖で、ブドウの栽培が盛んだ。最大の湖は南の国境地域にあって、ドイツ、スイス、オーストリアにまたがるボーデン湖である。総面積は538・5㎢（琵琶湖は674㎢）であるが、そのうちドイツの持分は305㎢となっている。

日本とドイツの外交関係は江戸時代の1861年の日普修好通商条約で始まる。これ以前に日本にやってきたドイツ人にケンペルとシーボルトがいる。2人とも医者として、鎖国の日本で唯一開かれていた長崎・出島のオランダ商館にやってきた。日本に西洋の知識を広める一方で、日本の文物を研究し、多数の資料を持ち帰ってヨーロッパに日本を紹介した。

日本は明治維新後、ドイツから法律、科学、軍事、芸術などを学び、近代化を推し進めていった。特に、旧憲法である大日本帝国憲法起草の際、ドイツなどに外遊した伊藤博文らが当時のプロイセン憲法を手本とした。

1914年に始まった第一次世界大戦では、日本は英国の同盟国としてドイツに宣戦布告し、当時ドイツの租借地となっていた中国山東半島の青島《チンタオ》などを占領した。この時捕虜となったドイツ兵が日本に移送され、鳴門市や習志野市の戦争捕虜収容所に収容された。鳴門の収容所ではドイツ兵たちがオーケストラを編成して活動し、帰国にあたって地元民を招待してベートーヴェンの交響曲第9番「合唱付き」の演奏会を開いた。これが日本における「第九」の初演奏とされている。

第二次世界大戦では、日本はナチス・ドイツと同盟関係を結び、さらにはイタリアを加え三国同盟のもと連合国と戦ったが、敗戦のうちに戦争は終結した。終戦後、日独ともに一時期連合国の占領下におかれたが、新たな独立国としてその歩みを始めた。日本とドイツ連邦共和国（西ドイツ）はともに奇跡的な経済復興を成し遂げ、世界の経済大国にまで成長したのである。

ドイツ人は日本人を評して「アジアのプロイセン」と呼ぶことがある。日本人の規律のよさ、集団行動、制服を着た没個性などがかつてのプロイセンを連想させるようだ。マスコミ報道の影響もあって、日本のサラリーマンは会社への帰属意識が強く、女性は自立と意識の解放が遅れており、子どもは受験勉強のせいで友だちを競争相手としか見ていないというイメージが広がっていた。しかし、最近はこのような紋切り型の日本人像にも修正が加えられている。書籍やマスコミ報道だけでなく、体験的に日本と日本人を知る人が増え、真の日本をもっと知ろうという動きがみられる。反対に、日本でのドイツに対するイメージも、バッハやベートーヴェンに代表される音楽の国、ビールとワインとソーセージの国、ベンツやポルシェやＢＭＷといった自動車の国、そして勤勉・真面目・几帳面な国など、やはり表面的なものが多い。

四季の移ろい

ドイツの春は訪れが遅く、雨がよく降り、雪解け水とあいまって、ライン川やモーゼル川などがたびたび氾濫する。３月下旬または４月にある復活祭を過ぎると寒さも和らぎ、あたりが春めいてくる。4月の天気は変わりやすいが、これを抜ければ花々が咲き誇って美しい季節の5月を迎える。「美しき5月」と詩に歌われるくらい美しい。

ドイツでも4月には各地で桜が咲く。日本のソメイヨシノと違って、ドイツにはおいしいサクランボのなる木が多い。サクランボは甘くて安いので、たくさん買ってはジャムにしたりする。それで、日本の店先で桐の箱に宝石のように入っているサクランボとそれにつけられた値段を見て、ドイツ人は仰天する。日本には桜の木があんなにも多いのに、サクランボがなぜこんなに高いのかといぶかしがるのだ。

6、7月には日本のような梅雨はない。真夏でも湿気が少ないので比較的過ごしやすい。夏の平均気温は21度ほどであるが、最近は温暖化の影響なのか、連日気温が30度を超えることがよくある。それでいて時折涼しくなることもあるので、長袖のシャツやセーターも必要になる。ドイツの家庭にはクーラーはほとんどない。市電や市バスにもクーラーは付いていない。

夏は日照時間が非常に長い。夏時間で時計を1時間進めるせいもあって、夜は午後9時ごろまでも明るいので、観光客は1日を有効に使える。気候がよくなり、屋外でも寒くないので、ビアガーデンがオープンし、夜には野外コンサートがよく開かれる。この時期になると、日光に飢えたドイツ人は夏の強い陽射しの中でも公園の芝生や家のベランダなどに寝そべって、せっせと日光浴をする。サングラスをかけて陽だまりでビールを飲んでいたりする。夏には学校が休みになるので、長期休暇（4週間近く）を取って家族でバカンスに出かける。

一方、日本の夏の暑さはドイツ人にとって耐え難いものである。特にその湿気にまいってしまう。日本に住むドイツ人のなかには、夏に本国に帰って休暇を過ごす人も少なくない。日本全体が亜熱帯にあると思い込んでいる人もいる。ドイツ人にとって日本の夏は亜熱帯そのものである。

9月下旬頃に紅葉が始まるが、日本のように色とりどりの紅葉を見せることは少なく、たいていは黄色い葉ばかりの単色の風景である。このあたりから日がどんどん短くなり、寒さも日増しに厳しくなって、冬へと突き進む。

冬は寒さが厳しく、日照時間も短く、雨や雪の日が多い。ドイツ人は冬の気候を「じめじめして寒い」という言葉で端的に表現する。雨や雪が多くて寒い気候のことだ。10月から3月にかけてはどんよりと曇り、昼でも暗く感じることが多い。冬の朝は8時頃まで暗く、午後3時頃になるともう暗くなり始める。冬の平均気温は平野部で1・5度、山間部ではマイナス6度になる。一番寒いのは1月で、平均気温がマイナス3度近くまで下がる。そうはいってもドイツの住宅は気密性が高く、屋内の暖房も充分なのでたくさん着込む必要はない。ドイツ人が日本で冬を迎えて驚くのは、特に太平洋側で穏やかな晴天の日が続き、椿をはじめさまざまな花が咲くことである。

雪は降っても日本海側のように何メートルも降り積もることはあまりないが、バイエルン・アルプスでは4月までスキーができる。町中で雪が降り積もったら、公共道路に関しては市当局がすぐに雪かきをし、その後道が凍結しないよう岩塩と砂利を混ぜたものを撒いて行く。歩道とこれに続く玄関前の階段に関しては、それに面する建物の所有者が「遅滞なく」雪かきをして、居住者並びに歩行者の安全を図らなくてはならない。歩行者が足を滑らせてケガでもしたら訴えられる可能性がある。ドイツの判例によれば、朝6時前に起きて雪かきをする必要はないが、7時には氷も雪もない状態にしておかなくてはならないということである。

ドイツの暗く長い冬にあって、クリスマス関連の行事が中心となる12月は冬の中で輝きをもたらしてくれる時である。11月の下旬あたりから皆うきうきしてくる。クリスマスまでにはとか、クリスマスのあとでとか、すべてがクリスマスを中心にして回り出す。ただし、クリスマスあたりに雪が降り積もり、ホワイト・クリスマスとなる地域は限られている。それはおもに、南部のシュヴァルツヴァルトや南バイエルン地方、中部のハルツ地方など山沿いの地域である。

森への思い

ドイツ人にとって森は特別な存在だ。歴史的に森の民であり、森を愛し、これを守ろうとする意識が強い。「森の散策」はドイツ人の身も心も癒してくれるものである。だから、１９８０年代に「森林破壊」の騒ぎがおきた時にはヒステリックに反応し、まるでこの世の終わりであるかのような議論まで行われた。これも森がドイツ人の心の原風景たるゆえんだ。

ドイツの国土の3分の1は森林が占めていて、ＥＵ内でもトップクラスの森林資源である。南部バイエルン州のチェコとの国境沿いにはドイツを代表する大森林地帯がある。ただ、これは原生林ではなく、定期的に人の手が入っている。広葉樹で一番多い種類はブナで、現在5か所のブナの森がユネスコ自然遺産に登録されている。また、野生動物も豊富で、オオカミ、クマ、ヤマネコなどが棲息している。

ドイツ人の森との付き合いは古い。かつて、アルプス以北の地域（ドイツ、フランス、スカンジナビアなど）はうっそうとした森でおおわれ、ゲルマンの諸部族が暮らしていた。これに対し、当時の先進国ローマ帝国では耕作地が広がり、小麦、オリーブ、ブドウなどの果物、野菜が栽培され、牧畜も行われていた。この地域では、人間が耕作して穀物などを栽培する耕作地は文明の証とされていた。

アルプス以北の地域では森が広がるだけで、文明の象徴である耕作地はほとんどなかった。森は未開あるいは闇を意味し、そこに住む人間は未開人とされた。この地域の人々はおもに木の実の採集や狩猟で生活し、せいぜいドングリの林で野生の豚を飼育するくらいであった。

ドイツ人にとっても森は不気味で怖い存在だった。ゲルマン伝説の英雄ジークフリートが殺害されたのは森の中だったし、森に住む妖精は村人や旅人に悪さをすると信じられていた。グリム童話でも森を舞台にしているものが少なくない。おばあさんがオオカミに食われたり、子どもたちが迷い込んだりするのは森の中である。

その一方で、森はゲルマン人たちを守ってくれるところでもあった。その好例が紀元9年のトイトブルクの戦いである。ゲルマン人たちはローマ帝国の軍団をドイツ北部のトイトブルクの森に誘い込み、昼なお暗い森の中で不安と恐怖にさいなまれるローマ軍団にゲリラ戦を仕掛け、壊滅させたのである。

畏敬の対象であった森は、19世紀のドイツロマン主義をへて、ドイツのアイデンティティの象徴になっていった。啓蒙主義に対抗するロマン主義では自然との一体感や神秘的なものへのあこがれが重視され、真実は自然の中にのみ見出すことができるとされた。こうして森があこがれの地、神秘的対象となり、文学、詩、音楽の題材となった。森の中でこそ人間が人間らしくいられるとまで考えられるようになった。折しも、対ナポレオン解放戦争に勝利したドイツでは民族意識が高まっていた。啓蒙主義の発祥の地であるフランスの都市文明に対して、ドイツロマン主義ではけがれなき自然である森が強調され、森はドイツ文化の源泉とみなされるまでになった。グリム兄弟が収集した民話や童話、ドイツロマン主義文学の代表作とされるノヴァーリスの小説『青い花』、フリードリヒの絵画、ウェーバーのオペラ『魔弾の射手』、ワーグナーのオペラ『ニーベルンゲンの指環』では森が舞台となっている。そして最近も、ドイツ人の心をかき立てるような本が出版され、すぐにベストセラーとなった。それはある森林監督官が書いた『樹木たちの知られざる生活』(早川書房)という本である。著者の経験と知識をもとに森や木々の日常をわかりやすく説明したもので、この本は「ドイツ人に森を取り戻した」と絶賛された。

理想化される一方で、森は経済資源として管理・維持されている。国有地の30%以上を森が占め、森林面積は日本の半分であるのに、木材生産量は3倍となっている。林業では自動車産業並みの約80万人が働いており、重要な輸出産業のひとつとなっている。森林を管理・運営するためのドイツ独自のシステムが森林監督官制度である。政府から認定された監督官が一定面積ごとに全国に配置されている。この人たちは常に森の木々の状態をチェックして情報を収集し、木材需要に応じて伐採や生産を進めている。

昔から森に人の手が入り、管理されてきたのだが、18世紀のフリードリヒ大王以来、森の伐採と植樹がより計画的に実施されるようになった。町を建設する時、森の木を切って家を建てるのと同時に、森に木を植えていった。植林する以上に木を切らないことを基本にして林業が発展し、木材輸出大国の礎となったのだ。ギリシャ、イタリアなど地中海沿岸諸国や英国では、古くから森を伐採するだけで木を植えてこなかったので、今では裸の大地が多く残っている。これに対し、ドイツでは森林面積が昔よりも拡大しているのである。

ドイツ語人口は世界9位

ドイツ語はゲルマン語系の言葉で、同じ系統のオランダ語、デンマーク語、英語、スウェーデン語などと近い。特に、オランダ語やデンマーク語は兄弟語ともいえるもので、ドイツ人はこれらの言葉を実際に使えなくても、目にしたり、聞いたりするぶんにはある程度理解できるようだ。

いわゆる「ドイツ語」と呼ばれる言葉が公用語とされているのは、ドイツ、オーストリア、スイス、ルクセンブルク、リヒテンシュタインであり、ベルギー東部とイタリア北部の南チロル地方では地域公用語のひとつになっている。この他、ポーランド、チェコ、ハンガリー、ルーマニアなどには少数民族としてドイツ系住民がいる。ヨーロッパで広い意味での「ドイツ語」を母国語として使っているのは約1億人で、ロシア語を除けばヨーロッパ最大である。一方、ドイツ語を話す人の数、つまりドイツ語人口は1億5500万人で、世界第9位である。

ドイツ語の綴りに関して統一的ルール（正書法）を定めようとする努力が、ドイツ語を使う諸国の間で100年以上にわたって続けられている。2006年から新しい正書法が関係各国の合意に基づいて実施されている。これに参加しているのは、ドイツ、スイス、オーストリア、リヒテンシュタイン、イタリア、ベルギー、ルーマニア、ハンガリーの8か国である。

しかしまったく同じドイツ語を使っているというわけではない。「ドイツ語」を使う主要国、ドイツ、オーストリア、スイスの間で基本的な点は同じであるが、発音、語彙、表現方法などに少なからぬ違いがある。言葉にはその国の文化と歴史が反映されているのであるから、オーストリア、スイスともに、強大な隣国ドイツの言葉に埋没しないよう、自国語の独自性維持に力を入れている。

ドイツ語を学んでいる人は世界中で1600万人以上いるといわれている。その3分の2が東ヨーロッパと旧ソ連諸国に集中している。この地域ではかつてロシア語が強制的に学習させられていたが、ソ連崩壊とそれに続く民主化後は西ヨーロッパの言語への関心が増大し、わけても地理的に最も近い西側の経済大国ドイツの言葉に対する学習熱が高まった。ドイツを西側の繁栄に参加するための架け橋と考えているのである。ドイツもこれに応えるべく、ドイツ語教師の派遣、養成、教材・教育方法の提供など積極的な支援を展開している。

わが町、わが方言

ヨーロッパでは16世紀頃まで知識人や学者はラテン語の知識が必要とされ、書籍や文書にはラテン語が使われていた。これに対し、ドイツ語などの言葉は大衆が使う卑俗な言葉とされていた。

当時のドイツ語は綴りや文法なども地域により大きく異なっていた。このような地域の違いを乗り越え、標準的な文章語である共通ドイツ語が形成されるのに大きく貢献したのが、ルターによる新約聖書のドイツ語訳である（1522年）。このドイツ語聖書は、ドイツ人グーテンベルクが15世紀中ごろにすでに開発した活版印刷技術の力を借りてドイツ中に広まっていった。本はそれまでは貴重品であったが、この印刷技術によって比較的求めやすくなり、ルターの聖書は家庭に常備されるまでになった。

こうしてルターの使ったドイツ語が広まり、文章を書く時はこれが共通の土台となった。言語史上の功績だけでなく、ルターのドイツ語聖書は現在に至るまでドイツ人の精神形成に大きな影響を与えている。その後ドイツ語は哲学者のカントやヘーゲル、ドイツ文学の両巨頭ゲーテとシラーをへて一層洗練され、文学や学問の言語としてその地位を確立していった。

現在ドイツで標準語とされるのは、北部のハノーファーを中心とする地域で話される言葉である。しかし、ドイツ人は自分たちの地域の文化と伝統を大切にし、誇りを持っている。方言はその地方独特の文化と歴史に根差したものであるから、方言を話すことに何のこだわりもないし、優劣意識などもない。人々は堂々と方言を話しているし、他の地域の人とのコミュニケーション手段として標準語を話す時でも、「お国なまり」が程よく効いてその人独自の味わいを出している。多様性こそが文化の豊かさのバロメーターとされ、人々は自分たちの言葉、歴史、文化を大切にしている。

ドイツ人ほど生まれ故郷を愛している国民はいないといわれている。生まれた地域のソーセージが一番おいしいと思っているし、お気に入りのビールの銘柄はもちろん地元の地ビールだ。60％以上の人が故郷の範囲を半径50㎞以内の地域としている。家族や友人がこの範囲内に住んでいるのはもちろんだが、90％近くの人が職場もできるだけ近くにあることが望ましいとしている。さらに、48％の人が、生まれ故郷にいられるのなら、仕事の面で不利益を受けてもかまわないとし、33％がそれもありうるとしている。

3．町と住まい

旧市街のたたずまい

ドイツの町にはAltstadt（旧市街）と呼ばれる地区がある。特にその中央にある広場を囲む市庁

ニュルンベルクの旧市街

舎や教会などの個性豊かな建物群は、町の歴史を映し出している部分であり、町の顔ともいうべきものだ。

ドイツの都市は教会を中心に形成され、教会前の広場では定期的に青空市が開かれ、さまざまな祭りや行事などが行われた。広場を取り囲む市庁舎など町の主要な建物を中核にして家並みが広がり、ドイツの町は発展してきた。戦争が繰り返されていた昔は旧市街は城壁で囲まれていたが、平和な時代になってこれが取り壊され、周辺に新しい居住地区ができた。この新旧の地区が有機的に結び付いて町を形成している。

旧市街は町の歴史と文化が凝縮された地区であり、歴史的建築物が建ち並び、商店や飲食店などもたくさんあるので、効率よく観光と買い物ができる。観光客としてはまずここを訪れる必要がある。半日ここを歩き回るだけでその町の姿が見えてくる。旧市街は家が密集し道路が狭くなっているが、中心部のメインストリートなどは通常は歩行者天国になっており、石畳の道が趣のある風情を醸し出している。その一方で、車で乗り入れできない不便さゆえに、郊外のショッピングセンターなどに客足を奪われ、「シャッター街」のようになっているところもある。

住民はこの旧市街の歴史的景観を大切にし、歴史的建築物の維持・保存に積極的に取り組んでいる。ドイツの主だった町は第二次世界大戦でかなり破壊された。戦後、旧市街では景観を壊さずに修復が進められる一方で、周辺の新市街地区では中世以来の建築様式とは異なる建築スタイルを取り入れた現代的な町作りが推進された。

このような歴史的背景から、新しくできたものは町の中心部から離れたところにあり、鉄道の中央駅も例外ではない。19世紀後半から各地に誕生した鉄道の駅は町の中心部から外れている。中央駅と旧市街とは市電・市バスで結ばれているが、日本に比べて町の規模が小さいので、旧市街が歩ける距離にあることもある。

新しい町づくり

ドイツでは各都市が均整の取れた規模で発展しており、東京のような巨大都市はない。百万都市と呼べるのはベルリン（357万人）、ハンブルク（181万人）、ミュンヘン（146万人）、ケルン（106万人）だけであるのに対し、日本には11都市もある。大都市として知られているフランクフルトに至っては74万人しかいない。総人口の33％が人口1万人から5万人の小都市で暮らしている。

日本から見れば、ドイツの町はほとんどが中規模都市であるが、都市としての機能性では日本の中規模都市を凌ぐものがある。交通手段や消費生活に加えて、文化活動を支える施設も充実している。オペラハウスやオーケストラ、劇場、美術館や博物館があり、公演や展覧会が定期的に行われ、世界的水準のものも少なくない。小都市に世界的演奏家のコンサートがあったり、世界的コレクションを所蔵する美術館があったりする。さらに、国際的な会議、催し、見本市などもよく行われ、外国との直接交流も盛んである。外国人居住者や外国からの訪問者も多く、日本の同規模の地方都市とは比べものにならないくらい国際性を持っている。

ドイツの町では大通りだけでなく、小さな路地に至るまですべてに名前が付けられている。通りの名前には歴史上有名な人物やその地域の歴史や伝統、地域性に由来するものが多い。番地は道路を挟んだ一方が奇数番号、向かい側が偶数番号になっている。住所は通りの名前と番地の組み合わせだから、住所を頼りに目指す家を見つけるのはきわめて簡単だ。

新しい町づくりも始まっている。老朽化し、立ち入り禁止になっていた旧市街地区が再開発され、昔の景観を取り戻したりしている。商店やレストランなども新たに出店して観光客を引き寄せている。再開発では現代的な高層ビルよりも、旧市街と調和した建築様式が重視されている。ただ、中世の面影再現にこだわりすぎて、ディズニーランドのようだなどと批判を受けている例もある。

かつて工場や倉庫が多かった都市周辺地区の再開発にも多くの投資が行われている。特に、重工業の中心地であったルール地方が顕著で、住宅、商業施設、オフィスビル、文化施設などを建設して産業構造の変化に対処し、雇用と住居を創り出すべく新しい町づくりが進められている。

大都市には問題地区と呼ばれる地域があって、建物やインフラが老朽化し、通りがさびれ、空き家が増え、治安が悪化し、居住者以外は立ち入ろうとしない。移民が多く住み、ここで育った若者たちはなかなか未来への展望が開けないでいる。そこで、建物を改修・新築し、住民の協力のもと清潔で明るい町づくりを推進し、ブティックやセレクトショップなど個性的で、若い世代をも引き寄せるような商店や飲食店を誘致し、新たな住民を獲得して活気を取り戻そうとしている。だが、建物が新しくなった余波で家賃が上昇し、以前からいた住民が住み慣れた町を離れざるをえなくなるようなことも起きている。

再開発でなく、新しいアイデアで町づくりをする試みもある。そのひとつが防犯対策の専門家と協力した町づくりだ。治安の悪い地区を専門家と見て回り、犯罪の起きやすい原因を突き止め、改善していく。街灯の数を増やしたり、配置を変えたり、高架下や狭い路地が外からよく見渡せるよう工夫したりする。また、不法なゴミ捨て場になっているところを片付けて清潔にし、町に植栽を増やし、子どもの遊び場を整備して安全に遊べるようにする。こうして、住民が通りに気軽に出てきて、遊び場が子どもたちでにぎわうようになり、町に活気が戻っているところもある。

整備された交通網

ドイツは地方分権とともに、地方分散も進んでいる。日本のように東京一極集中ではない。省庁は首都ベルリンにあるが、一部はかつての首都ボンに残っている。中央銀行にあたるドイツ連邦銀行はフランクフルトに、連邦憲法裁判所はカールスルーエに置かれているなど、地方に所在する国の機関は少なくない。企業、テレビ局、新聞社なども多くはベルリン以外に本社を構えている。

地方分権・地方分散の国ドイツにあって、まとまりあるひとつの国家として有効に機能するためには、国の諸制度だけでなく、各地域を有機的に結び付ける交通網の整備も不可欠である。世界的に有名な高速道路網アウトバーンと鉄道により、各都市が機能的に結び付いている。ヒトラーが建設を推し進めたアウトバーンは人と物が迅速に移動できる動脈となっている。アウトバーンはまさに網の目のように縦横に張り巡らされていて、総延長距離は米国に次いで世界第2位である。米国との国土の大きさの違いを考えれば、ドイツのアウトバーン網がいかに密に作られているかがわかる。

再統一以前は、東西に分断されていたこともあって、おもに南北を結ぶ道路網が充実していた。統一後は旧東ドイツのアウトバーンが重点的に整備され、ドイツ国内の東西、そして東西ヨーロッパを結び付ける道路網としても機能している。中欧に位置するというドイツの古くて新しい地理的重要性がここにもはっきりと示されている。

物資の輸送に最も利用されているのはアウトバーン網を駆使したトラック輸送である。それは鉄道貨物の10倍にのぼっている。トラック、鉄道についで利用されるのは河川による物資輸送である。河川は交通手段として忘れてはならない存在だ。ドイツの河川は川幅も広く、流れが緩やかで水量も豊富なので、物資輸送の動脈となっている。ライン川、ドナウ川など主要河川は運河で直接または間接的に結ばれている。特にルール工業地帯にあるデュースブルクはヨーロッパ最大の内陸港となっている。また貿易港として知られているハンブルクやブレーメンは海に直接面しているのではなく、河川や運河などで北海と結ばれている。

鉄道網も縦横に張り巡らされていて、ドイツでの鉄道旅行は全般に快適なものである。長距離を走る列車には、普通列車のほかに、特急料金が必要なＩＣ（Intercity）と最高速度３３０㎞を誇るＩＣＥ（Intercityexpress）がある。特急料金は日本に比べれば格段に安い。ＩＣＥの運行本数は日本の新幹線に比べるとかなり少ない。ドイツの列車は1等と2等に分かれているが、指定席車両と自由席車両という区別はなく、座席ごとに予約される。都市圏ではＳバーンと呼ばれる都市間高速鉄道網が発達していて、通勤や通学など都市生活の足となっている。

バス、市電、地下鉄などの市内公共交通機関は、一般に使われるという意味からだけでなく、その担い手が地方公共団体であるという観点からも、まさに「公共」のものである。周辺の複数の町が一緒になって交通網を作り、料金体系が統一されていて、非常に使い勝手がいい。料金は距離と時間が一体となっていて、距離ごとに定められた有効時間内なら途中下車や乗り継ぎ（バスと市電間の乗り継ぎも可)がいくらでもできる。だが、時々複雑すぎて利用者が混乱してしまうことがある。

ドイツ人は心の中で、公共交通機関を利用するのは社会的弱者と見なされる低所得者や外国人であり、マイカー移動するのが当たり前と考えている節がある。若者や環境保護意識の強い人たちはもっぱら自転車を利用しているが、車は今なおステータスシンボルの側面を持っている。公共交通機関の使い勝手がよく、比較的低料金で利用できるようになっているのには、社会的弱者への対策という一面がある。こんな背景から、東京にきたドイツ人は、地下鉄などの電車をスーツ姿のサラリーマンやオシャレな格好をした女性たちが気軽に日常的に利用し、しかもそれが清潔で安全で、時間通り正確に走っているのを見て驚くのだ。

定時性を目指す鉄道と空の便

1994年の民営化以来、ドイツ鉄道はいくつもの問題を抱えている。債務が年々増加していて、政府から補助金を受けているのだが、増大に歯止めがかからない。そのため、資金が不足して列車や線路などインフラの老朽化対策が進まないうえ、慢性的人員不足に陥っている。これが列車の定時運行に悪影響を及ぼしている。線路や運行システムの不備、車両の故障、人手不足、さらにはストライキや異常気象などで定時発着率が低下しているのだ。統計では、遠距離列車の4本に1本が遅れている。遅延時間が6分以内におさまった定時発着率は、2011年に80%を達成したのを最後に、現在は75％前後を推移している。

だが、利用者はこの数字には納得しないだろう。旅行や休暇に行こうとしたら、列車の事故や故障で運行停止になったり、何日もダイヤが乱れたり、車掌や機関士などのストで電車が止まったりする。運行取りやめは年間14万件にのぼる。誰もが不便を強いられた経験を持っているからだ。ドイツでは電車が1時間以上遅れた場合、料金の4分の1が払い戻しされる。それでもなお、列車の発着時刻の正確さはヨーロッパでも上位にランクされる。

さらなる問題は毎年のように行われる運賃の引き上げだ。さまざまな割引制度やキャンペーンセールなどを打ち出して、運賃の上昇率をなんとか年率2％強に抑えている。この18年間に物価が30％上昇したのに対し、バス・市電・地下鉄などの近距離交通の料金は79％、鉄道は57％、自動車用燃料は50％も上がっているのである。

空の便も似たような状況にある。過去20年間で乗客数は2倍以上に増加した。ドイツでもＬＣＣ（格安航空会社）が何社も就航している。乗客数が増えたうえに、テロ対策で空港での保安検査が厳重になって、乗客は長く待たされるようになった。加えて、パイロット、客室乗務員、地上職員、航空管制官、保安検査員などがそれぞれにストをしている。さらには、保安検査を受けずにセキュリティエリア内に侵入した人がいるとして、空港が一時的に閉鎖され、飛行機の発着が停止される事態も起きている。このようなことから、飛行機便が欠航になったり、発着が大幅に遅れたりすることもまれではない。

航空会社の倒産が欠航や遅れに追い打ちをかけている。2017年にドイツ第2位の航空会社エア・ベルリンが倒産し、その後もドイツ系LCCが何社か倒産した。倒産の一因は、燃料費が上昇しているにもかかわらず、安売り競争が激化していることにある。また、航空会社が乱立したためパイロットが不足しているうえ、発注した航空機の納期が遅れがちなことも経営圧迫の要因となっている。

アウトバーンを含めた道路インフラの老朽化も深刻な問題である。企業にとっても悩みの種となっており、70%以上の企業が経済活動を阻害するものとして、交通インフラの老朽化と通信ネットワークの不備をあげている。アウトバーンの拡張・補修工事が年々拡大し、そのしわ寄せで渋滞件数が毎年記録を更新する原因となっている。渋滞のもうひとつの要因はトラック輸送の増加である。アウトバーンを走るトラックの半分以上はドイツのものだが、オランダやポーランドからのトラックもドイツを通過して他のEU諸国に向かうのである。また、通勤や行楽による渋滞もまれではない。夏のバカンスシーズン初日にはアウトバーンに車の列が延々と続く。

アウトバーンには長らく通行料金がなかったが、1995年以来トラックから料金を徴収している。乗用車に対しては2020年をめどに通行料金を導入しようとしていた。その際、国内のドライバーの追加負担をなくすため、自動車税の引き下げも同時に実施する予定だったのだが、隣国のオランダとオーストリアがこれにかみつき、外国人を差別しているとして欧州裁判所にドイツを訴えた。このほど、欧州裁判所がドイツの措置を認めないとする判断を示したため、ドイツは通行料金導入計画を断念せざるをえなくなった。

大切な「我が家」

地方分散が進み、平地の多いドイツにあっては、住宅用地の確保はそれほど困難ではない。一般的に地価がそれほど高くないので建物自体により資金が回せる。ドイツではむやみに既存の建物を壊して新たに建てたりはしない。中古のマンションや家に丁寧に手を入れ、長く住み続ける。実際、居住用建物の半分以上が築40年以上である。

日本と比較して、居住面積は広く、建物はしっかりと建てられている。そして天井が高いので余計に広く感じる。日本の住宅はおおむね夏向きに造られているのに対し、冬が厳しいドイツでは冬向きに造られている。壁が厚く、二重窓で気密性が高いうえ、セントラルヒーティングが普及している。

歴史的にいえば、ドイツの住居は中世まで木の骨組みに漆喰の壁をつけた木組み（ハーフティンバー様式）の家が中心で、後になって石材やレンガを多く使うようになった。石で建物を造るようになったのは教会が最初である。教会ではミサなどでたくさんのロウソクを使っていたので、火災で焼け落ちることが多かった。それで中世あたりから徐々に石造りの建物へと変わっていった。城や都市の公共建造物がこれに続き、一般の住宅に石やレンガが使われるようになったのはその後のことである。

伝統的な建築様式の家屋

ドイツ人は一般に、賃貸であれ、分譲や持ち家であれ、住まいに非常に愛着を持ち、これを自分の趣味や考えにしたがって自らの手で仕上げて行く。そんなドイツ人にとって、「gemütlich《ゲミュートリヒ》」（居心地がいい）という言葉はその住まいに対する最高の誉め言葉となる。この言葉を訪問者の口から聞いた時に、その苦労はいっぺんに報われる。

この「居心地のよさ」を作り出すために本当にまめに働く。壁を塗ったり、好みの壁紙を貼ったり、電気ドリルで壁に穴を空けて棚を取り付けたり、額を飾ったり、植物を配置したりと、せっせと住居を改造して行く。そして賃貸の場合、引っ越す時には原状回復が原則であるから、ドリルで空けた穴を埋めたり、壁を白く塗り直したりと、これまたまめにやって出て行く。

これは一戸建ての家を持つ時にもいかんなく発揮される。ドイツでは施工業者が外壁と柱と屋根と配線・配管を完成させただけで、新築の家を引き渡すことがよくある。建て主は自らの手であるいは友人や親戚に手伝ってもらって、家の内装のすべてを自分の思うように仕上げ、快適な家を作り上げてゆく。そしてそれを訪れた人に誇らしげに語って聞かせるのである。

持ち家への思い

ドイツのことわざに「自分のかまどは金の価値がある」というのがある。ドイツ人も一国一城の主であることを誇り、日本人同様に我が家を持ちたいと思っている。ドイツの個人用住宅の48%は分譲住宅であるが、平均的な住まいは広さ90㎡の賃貸マンションとされている。手取り世帯収入が月2600ユーロ（約33万8000円）あたりを超えると、持ち家の夢を実現しようとする人が増えてくる。

だが、家を持つのはそう簡単なことではない。ドイツの住宅価格は上がり続けているが、なかでも南部バイエルン州の州都ミュンヘンは最も高い。約100㎡の住宅を購入するのに、ミュンヘンでは平均50万ユーロ（約6500万円）強のローンを組む必要がある。それも購入できるのは一戸建てではなく、だいたいは分譲マンションである。これに続く2位はフランクフルトで、マンションで41万7000ユーロとなる。旧東ドイツのドレスデンでは119㎡の住宅で平均的ローン額は25万3000ユーロとなり、大都市の中で15位にランクされている。

次に収入面から見ていくと、首都ベルリンでは税込み月収2334ユーロ（約30万円）の手工業者が購入できる住宅があるが、ミュンヘンでは税込み月収8792ユーロ（約114万円）の医者でも購入できる住宅を見つけるのに苦労している。旧東ドイツの大都市ライプツィヒなら、低賃金の象徴とされる美容師（月収1424ユーロ）でも持ち家の夢を実現できるチャンスがある。住宅の面でも東西格差が存在している。

ドイツでは家賃が大きく上がり続けているが、分譲と賃貸ではどちらが有利なのだろうか。金利3・5％で35年の住宅ローンを組んで住宅を購入した場合、ミュンヘンを除くすべての大都市で賃貸よりも得だとする算定結果がでた。ケルンにいたっては家賃を払い続けるより28・5％も節約できる。ミュンヘンでは逆に賃貸住宅に住み続けたほうが10％費用が少なくなる。ただし、ローンを組むにあたって、銀行は2008年のリーマンショック以来高い自己資金率を求めており、住宅購入価格も右肩上がりに上昇している。

以前は賃貸のほうが有利であったが、2010年あたりから状況は逆転し、所有したほうが毎月の住居費が約35％少なくてすむようになった。その原因は家賃の高騰と低水準のローン金利にある。欧州中央銀行の低金利政策が続いていけば問題ないが、今後金利が正常化すれば状況も変わり、賃貸のほうが有利になることもある。買うべきか借りるべきかたいへん悩ましい問題であるが、損得勘定だけでなく、持ち家に対する思い入れの強さが大きく影響してくる。そして、この思い入れに関してドイツ人はだれにも負けていない。

持ち家は、資産形成としてだけでなく、老後への備えとしても考えられてきた。年金生活者で持ち家のない場合、平均で月に500ユーロ近くの家賃を払うことになる。年金受給額の中央値は約1000ユーロであり、これから税金、社会保険料、公共料金、家賃などを差し引けば、生活のために残る金額はわずかしかない。しかも、今後は年金水準が引き下げられていくが、家賃は上がっていく。50年間で家賃は毎年平均約5%ずつ上がってきた。持ち家のほうが老後の保障という面で勝っていることになる。

地下室は単なる物置ではない

ドイツで家に入る時、日本人が戸惑うことがある。ドアの開閉が日本とはまったく逆なのである。日本では中に入る時はドアを引き、中から外に出る時はドアを押す。ドイツではドアを押して中に入り、ドアを引いて外に出る。これは家に限らず、商店、事務所、公共の建物などすべてのドアについていえることである。

家の中で靴を脱いだり、スリッパに履きかえたりすることは基本的にしない。靴を履いたまま出入りする。外でもむやみに靴を脱ぐことはほとんどない。だが、ドイツでも家で靴を脱いで生活している人が増えてきているようだ。それで、台所の配管修理に来た修理工に靴を脱いで入るように言ったところ、それはできないと言ってさっさと帰ってしまったうえ、あとで修理出張費の請求書を送りつけてきたとして、訴訟に発展したこともあった。また、日本では救急隊もまず靴を脱いでから家に上がり人命救助にあたる、などと面白おかしく伝えている本もある。だから、日本で料理店や住居で靴を脱ぐのを求められるとドイツ人は困惑してしまう。日本の習慣になれてくると抵抗感は少なくなるが、それでも靴ヒモをほどいたりまた結んだりと、不便きわまりないことに変わりはない。

ドイツ人は自宅に初めてきた客には、地下室に至るまで家中をくまなく案内する。部屋ごとに主人が得々と説明する。ここにも家に対する思い入れがよく表われている。

ドイツの住居に欠かすことのできない地下室は、その生活ぶりを垣間見させてくれる恰好のものである。地下室は一戸建てだけでなく集合住宅にもあって、各戸ごとに専用の空間が仕切られており、カギがかけられるようになっている。地下室にはさしあたり使うことのない家具や生活雑貨、暖房用ボイラーと並んで、洗濯機と物干し場、保存用食品やワインの棚などがある。

ドイツでは一般に洗濯は地下室でして、洗濯物は地下室に干しておく。湿気が少なく、地下室でもよく乾く。ベランダに干して下着を公衆の面前にさらすことはしない。ベランダに干そうものなら、すぐにでも隣近所から苦情が舞い込んでくる。こういうドイツ人の意識は町の美観を保つのにも役立っている。

さらに、地下室ではさまざまなビンが並べられた棚に出くわす。ニンジンやピクルスといったビン詰めの野菜のほかに、その家の主婦自慢のお手製ジャムの入ったビンが並んでいる。ドイツの店で売られている果物は日本のように甘味が強くないので、むしろ砂糖を加えてケーキとかジャムなどに使うのに適している。旬の時に安い果物を大量に買ってせっせとジャムを作り、ビン詰めして地下室に貯蔵しておく。そのためにとっておいたさまざまな空きビンを使うので、棚には大きさ、色、形が違うビンが並ぶ。このお手製のジャムはいわばおふくろの味で、里帰りしてきた子どもたちに母親はジャムのビンを持たせたりする。お客さんや知り合いに配ったりすることもある。お手製のジャムは心のこもったプレゼントとされている。

倹約は美徳

ドイツ人と日本人の消費行動やお金の使い方はかなり違っている。ドイツ人は出費に際して慎重で、細かいところまで計算するのを厭わず、買い物にあたってはよく調べて必要なものだけを買い、買ったら修理しながらでも大事に使い、無暗に捨てない。さらに、店先で見てその場で買ってしまうというようなことはほとんどしない。車やオートバイなども少々のことなら手引書を買ってきて自分で修理する。

収入と不釣り合いな高価な贈り物をしたり、ブランド品を買ったりすることもない。ドイツでこのようなことをするのは、それなりの社会的地位とそれなりの収入のある人だけである。高級品やブランド品を買うにしても本当に必要なものだけにし、一度買ったらそれを大事に使い、子どもや孫に遺産として残す。受け継いだほうもまた大切にする。

ドイツ人の倹約ぶりは他のヨーロッパ人の目にも特別に映るようで、かつてイタリア出身の欧州中央銀行理事がドイツの新聞とのインタビューで次のように指摘したことがある。ドイツの、ひいてはヨーロッパの景気が停滞しているのは、金融・経済政策によるものというよりは、ドイツ人の伝統的な倹約精神によるところが大きい。豊かなドイツでは各家庭に必要なものがほぼそろっているので、これ以上の消費には消極的である。もう少し高価な靴を、もう少し高級な時計を買うようにすればいいのに、こういう時その倹約精神が邪魔をする。そして家の中ではこまめに明かりを消して回る。シャワーの時でも、身体に石鹸をつけて洗っている間はシャワーをきちんと止めておく。これは生活態度としてはいいかもしれないが、経済成長にはあまり貢献しない。この点が他のヨーロッパ諸国と違うところだ、ということである。

住宅が足りない

都市部での家賃の値上がりが深刻になっている。加えて、若い世代を中心に大都市に移り住む人が増えていて、安価で良質な賃貸住宅の供給が追いついていない。

一般的に求められている賃貸マンションは、全国平均で居住面積66㎡、暖房費を除く家賃が446ユーロ（約5万8000円）、応募競争率は146倍、つまりひとつの物件に応募者が146人いる。家賃が全国一高いミュンヘンでは広さ45㎡で645ユーロ、競争率2017倍が普通だ。フランクフルトでは47㎡で504ユーロ、競争率1096倍、首都ベルリンが49㎡で426ユーロ、競争率1760倍となっている。

だが、家賃高騰は大都市ばかりではない。中小都市にも広がっている。家賃の年間上昇率は全国平均が4・5％であるのに対し、人口1万人から2万人の都市では10％、2万人から5万人の都市は7・1％にのぼっている。

政府は家賃上昇を抑えるためさまざまな措置を実施しているが、なかなか効果が表れていない。都市の住宅市場を見てみると、既存の中古マンションを1棟ごと改修してモダンな住宅によみがえらせ、高い家賃で貸し出すことがよく行われている。それでも大都市では供給より需要のほうが高いから、借り手はすぐに見つかるのである。さらに、史上まれにみる低金利で行き場を失った投資資金が、この収益率の高い住宅市場に目をつけ、大規模に流れ込んでいる。それで家賃高騰に拍車がかかっているのである。

ドイツでは長年にわたって、公的資金を活用した低所得者用賃貸住宅が建てられてきた。この良質で安価な住宅は1990年当時全国に287万戸あったのだが、2018年には115万戸までに減ってしまった。住宅戸数は今後も減り続け、国が州に交付していた住宅建設助成金が停止される2020年以降は減少が一層顕著になるとされている。

低所得者用賃貸住宅が減少してきたのは、住宅を建設し運営する業者にとってうまみが薄くなってきたためでもある。住宅の公共性から家賃設定における制約が大きく、業者にとって儲けが少ない。また、社会的弱者のための住宅というマイナスイメージが付きまとっているうえ、自治体などの振興策が不十分なことも原因となっている。やはりここでも業者や投資資金はより有利なほうへ、より収益率の高いほうへと流れていくのである。

スマホ時代の孤島

ドイツでもスマートフォンがどんどん普及していて、約6500万人がスマホを使っているとされている。しかし、モバイル通信の電波がまったくか、あるいはほとんど届かない地域がある。電話が途切れがちだったり、データ通信ができなかったりする。そんな地域が全国で240か所以上もあるということだ。小さな村や過疎地域に限ったことではなく、人口1万人を超える町もこれに入っている。最も多いのは南西部のバーデン・ヴュルテンベルク州で、電波の届かない地域が63か所もある。これは州内の市町村の5・7%にあたる。これに対し、旧東ドイツ地域は良好な状態にあり、ザクセン州を除けば軒並み1%以下となっている。ドイツの大手通信会社はそれぞれに自前の基地局を設置していて、他社とは共用していない。それでコストの関係で基地局を建てていないところ、つまり電波の届かない地域が各地にある。ただ、大都市でのモバイル通信速度を比べると、上記のバーデン・ヴュルテンベルク州の州都シュトゥットガルトが1位にランクされている。2位はデュッセルドルフ、最下位はフランクフルトである。

この問題に対し、政府はモバイル通信困難地域の撲滅を宣言しているが、なかなか改善されていない。今後5Gの導入にあたって周波数帯を入札方式で割り当てるのだが、この通信困難地域の解消に責任を持って対処することを入札参加の条件にしようと検討している。だが、ある政府高官は、ネットワークの100%カバーには莫大な費用がかかるし、現実的ではないなどと発言し、早々と通信会社に助け舟を出している。一部の専門家は、5G導入とともに受信困難地域が減るどころか、都市と地方のモバイル通信格差がますます広がるとして警鐘を鳴らしている。

ドイツでは約6400万人がインターネットを利用している。高速ブロードバンド回線に接続しているのは人口の5%程度で、EU平均の6・4%を下回っている。最も割合が高いのはスウェーデンで、24%に達している。また、インターネットの平均通信速度の世界比較では1位が韓国、2位がノルウェーで、日本は8位、ドイツは25位となっている。

利用目的で多いのは、商品やサービスの検索と電子メールの送受信で断トツの1位と2位、3位に続くのが健康・医療に関する検索である。医療情報の検索数は他のヨーロッパ諸国でも増加傾向にあり、検索率が一番高いのはルクセンブルクで、ドイツは3位だ。自分の健康状態をネット検索で自己診断しようとしているのだ

日本に劣らずオンラインショッピングも盛んだ。ネットで買い物をする一番の理由は、「営業時間に縛られないこと」であった。次に多いのが「家まで届けてくれるから」で、「時間を節約する

ため」がこれに続く。「値段が安いから」は6位だった。経済面よりも、利便性のほうが求められているようだ。

サービス向上の兆し

日本では当たり前と考えられているサービスがドイツの店にはないことが多い。買った物を包装してくれることはないし、まして配達してくれることもない。もちろん家具や洗濯機などの大型の物は別だ。料理店には、一部の店を除けば、デリバリーのサービスはない。24時間営業のコンビニなどもない。ただし、ガソリンスタンド内にある売店はスタンドが営業している限り深夜でも開いている。これなどは日本のコンビニに近い。

ドイツにもデパートと呼ばれる店はあるが、品揃え、商品の質と価格、内装、接客態度などからして日本の大型スーパーに近い。実際、ここでは日用品が手ごろな価格で買える。高級ブランド品などはあまりない。高級品を買うには専門店にいかなくてはならない。当然値段は高いが、趣味のいい物やブランド品をゆっくり選ぶことができるし、店員の接客態度も格段に違う。

ドイツではむしろ売り手のほうが優先されているような印象を受ける。伝統的に物を作ることには一生懸命であるが、物を売ることに対してはあまり熱心ではなく、サービスの質を重視する店は比較的少ない。だから、ドイツ人でも商店などの接客態度に不満を言う人は多い。ただ、豊富な経験と専門知識を持つ店員がいるところもあり、的確にアドバイスし、客の求めているものを即座に見つけ出してくれる。それでも最近はいい方向に変わってきている。以前より愛想はよくなっているし、客の問いかけにも親切に対応し、サービスを向上させようとする兆しが見える。ネット通販が年々増加していることから、店としても危機感を感じ、商品探しの際の専門的アドバイスとともに、サービスを向上させることで客を呼び込もうとしているのかもしれない。

売り手優先は営業時間にも表れていた。ドイツには閉店法という法律があって、労働者を働きすぎから守るため、かつては営業時間が平日は18時30分まで、土曜日は14時までと定められていた。その後、消費者の利便性が重視されるようになって営業時間が徐々に延長され、最終的に大半の州で平日の営業時間の規制が撤廃されて24時間営業が可能になった。ただ、実際の営業時間は事業主が独断で決定できるのではなく、従業員の代表者で構成される協議会の同意が必要となる。

以前だと土曜日は早く閉まってしまうので、大急ぎで週末の買い物をしなくてはならなかったが、営業時間が延長されてからはゆとりをもって買い物を楽しめるようになった。ドイツでは閉店時間とは店を閉めて店員が帰る時間である。客がいてもかまわず、閉店時間前から片づけを始める。だから、閉店間際に入店すると、店員の迷惑そうな視線を感じながら最後の買い物をすることになる。そして閉店時間になったら、残っている客は「容赦なく」追い出されるのである。

日曜日については、薬局、キオスク、ガソリンスタンド、駅・空港など交通機関の発着所施設内の商店、観光・保養地などにある観光客向けのみやげ物店などを除き、営業が禁止されている。

4. 食生活

朝食が1日の糧

ドイツ人は朝食をしっかりととり、昼食には暖かい料理を食べ、夕食は簡単に済ませるのが一般的である。

朝はパンにチーズ、ハム、卵、ジャム、ハチミツなどを添えて食べるが、生野菜などサラダはあまり食べない。ドイツ人が好んで食べるパンは、ライムギなど数種類の麦を混ぜて作る黒パンとブレートヒェンという皮がカリッとしたこぶし大の白パンだ。トーストはあまり食べない。

ドイツでは中世以来都市化が進んでいて、どんなに小さな町でも必ずパン屋があったので、家庭でパンを焼くという習慣がない。朝一番に近くのパン屋で焼き立てのパンを買ってきて、朝食に食べることが多い。パン屋は夜明け前からパンを焼き、朝早くから店を開けている。昔も今もパン屋は深夜労働を余儀なくされているので、女性のパン職人はあまりいない。ドイツのパンは固めで、穀物の香りや歯応えのあるものが多い。歯応えのある少しパサパサ気味の黒パンを食べないと朝食をとった気がしないし、すぐにおなかが空いてしまうと言う人が多い。日本人が米粒を食べないと力が出ないとか、腹持ちが悪いなどと言うのに似ていておもしろい。

飲み物はたいていコーヒーで、紅茶は一般的ではない。ドイツ人のコーヒー好きは有名で、1人当たりの年間消費量は約150リットルに達する。少々乱暴な比較かもしれないが、ビール（1人当たり106リットル）よりもたくさん飲まれている。ドイツは世界第7位のコーヒー消費国であり、コーヒー好きとされるイタリアやフランスを上回っているのだ。

昼食は伝統的に1日のうちで最も重要な食事であった。スープに始まり、メインディッシュ、デザートにいたるフルコースの食事だ。昔は家族全員が集まり、たっぷりと時間をかけて食べていた。しかし職住近接といかなくなった現代ではそれも難しくなり、夫は職場で、妻と子どもは家で昼食をとるのが一般的である。ドイツの学校の多くは授業が午前中だけで終わり、給食がない。子どもたちは家に帰ってから昼食を食べる。昼食を家でとるという伝統が残っているのは、農村やランチタイムを自分で決められる都会に住む自由業の人、それに一部の富裕層くらいである。

午後にはコーヒータイムがあって、大きなケーキをほおばりながらコーヒーを飲む。ドイツのケーキはバターをたっぷりと使い、日本のものの数倍の大きさがあり、それにこれまたたっぷりとホイップクリームがのっている。ケーキの味は日本のほうが繊細であるが、食べ応えはドイツのほうが勝っている。時間的余裕のある週末には家でケーキを焼いてコーヒータイムを楽しんだりする。残ったケーキは月曜日に勤め先に持っていって同僚にもふるまう。皆それぞれに自慢のケーキというものがある。

このようにコーヒータイムに大きなケーキをいくつも食べるせいなのか、夕食は簡単なものですませてしまう。食事内容は基本的に朝食と変わらない。飲み物がビールやワインに代わり、さらに運がよければサラダや昼食の残りのスープが付くことがある。たいていは1人用の木のまな板のようなものを渡され、その上でチーズやハムの塊から自分の分を切り取って食べる。暖かい料理はあまり作らないから、主婦の負担は日本に比べて非常に少ない。反対に、ドイツ人の目には日本の主婦は毎日、しかもほとんど1日中料理をしているように映る。

大食と大酒の伝統

だが、ドイツ人は小食ではない。レストランでは大きな皿にたっぷりの量の料理が出てくる。日本人の感覚からすればゆうに2人前はあるかと思われる量だが、ドイツ人はこれを平然と平らげてしまう。

これもまたドイツの伝統といえる。古代のケルトやゲルマンの民族にあって、優秀な戦士とは大食漢であり、大酒飲みであった。大食と大酒は男の必須条件であり、美徳とされていた。部族の中で自らの肉体的優越性を示す手段のひとつだったのである。ゲルマンの英雄物語や神話には、巨大な量の食べ物と飲み物を飲み込んでしまう主人公がしばしば登場する。

キリスト教とローマ帝国の文化が浸透して、節制、適度の飲食、さらには断食といった考え方が広まっていく一方で、ゲルマン民族以来の大食の文化は根強く残っていた。歴史の中で大食の伝統と節制の文化との狭間で苦しんできたようだ。たとえば、カール大帝（742年~814年）は、フランク族（ゲルマン人）の王として大食の伝統を代表する立場にあると同時に、西ローマ帝国の皇帝としては節制に代表されるキリスト教と古代ローマ文化を体現しなくてはならなかった。その後の西ローマ帝国や神聖ローマ帝国の皇帝たちもゲルマン人の食習慣（大食、大酒、肉食）を引きずっていた。

この飲食に対する底なしの欲求は他の国の人々の目にもとまり、ドイツ人は重労働には耐えられるが、のどの渇きは一時も我慢できないと書き記されたりした。また、ドイツ人はおなかいっぱい食べて飲むことだけに価値をおき、家も造らず、衣服や家具調度にも金を使わず、ただ暖房のきいた部屋にパンと肉がふんだんにあれば満足している、この単純な生活様式こそがドイツの富の増大に貢献したのだ、という説を唱えるイタリアの思想家もいた。

大食いの食習慣は16世紀に至ってもあまり変わっていなかったようで、宗教改革者ルターが、暴飲暴食というドイツの悪しき伝統を断つ法律を作るべきだと声高に要求したりもした。しかし、貧しい農民たちのほうは大食・大酒を願い、夢見てはいたのだが、これを実現するのはほぼ不可能だった。それでも、たまにある村の祭りや婚礼の宴会などの機会に、思う存分飲み食いすることができた。そこには時折やってくる大飢饉への恐怖感もあって、食べるものがある時にできるだけたくさん食べておこうとしたようだ。

18世紀になると上流階級や富裕層の間に意識の変化が起こり、大食（特に肉を大量に食べること）、そして肥満は権力や豊かさの象徴とはみなされなくなり、飲食物の大量摂取による弊害や病気のリスクのほうに目が向けられるようになった。こうして大食・大酒の習慣は徐々に後退していった。

それでもなお、ドイツ人のＤＮＡに組み込まれているのか、飢餓時代の記憶が無意識に頭をもたげるのか、現代のドイツ人は概して、男女を問わず、よく食べよく飲む。伝統であるビールと肉食の文化、大食いと大酒飲みの食習慣を今なお持ち続けているようだ。

ビールへのこだわり

ドイツビール、ドイツソーセージ、ドイツパンは、ドイツの食文化において「三位一体」であり、ドイツ人のアイデンティティであるとまで主張する人がいる。確かに、ビールの銘柄は約５０００種類におよび、こだわりも半端ではない。

しかし、ビール大国ドイツのビール離れが進んでいる。１人当たりの年間消費量は70年代半ばに戦後最高の１５１リットルを記録して以来減り続け、１０６リットルにまで落ち込んだ。ビール消費量世界一はピルスナービールの故郷チェコが20年以上にわたって守り続け、１人当たり約１４４リットルである。ドイツはオーストリアと世界2位を争っている。なお、日本の消費量は約42リットルである。

ビール離れの要因とされているのは、人口減少、高齢化、ビールを飲む若者世代の減少、飲酒運転の規制強化などである。これに加えて、ビール嗜好の弱い移民の増加をあげる人もいる。ドイツの法律では、ビール、ワインは16歳から飲んでよいことになっている。保護者同伴であれば14歳から認められる。ブランデーやリキュール類などアルコール度数20％以上の強い酒に関しては成人年齢の18歳からである。

ビール生産量ではドイツは欧州のなかで断トツの1位であり、2位の英国の倍以上の生産量を誇っている。ビール輸出大国でもあるのだ。ドイツビールの特徴は中小の醸造所によるいわゆる「地ビール」である。町の居酒屋が自ら生産したビールを出していたりする。銘柄が無数にあるからどれを飲んだらいいか迷ってしまいそうだが、決め手となるのは「故郷の味」だ。知名度や価格に関係なく、自分が生まれ育った地域の地ビールを選ぶ傾向が強い。大手メーカーのビールより高くても、故郷の地ビールにはお金を惜しまない。

ドイツ人のビール好きは歴史的にも裏付けられている。古代ローマ帝国の歴史家タキトゥスはその著書の中で、ゲルマン人の飲酒癖を利用すれば武器を使うよりもたやすく征服できる、というようなことを書いている。当時のゲルマン人にはビールを大量に飲む習慣があったから、ビールよりアルコール度の高いワインを飲む習慣を覚えさせて酔わせておけば簡単にやっつけられるだろうというわけだ。だが、タキトゥスの思惑とは裏腹に、ローマ帝国のほうがゲルマン人に滅ぼされることになるのである。

ビールはゲルマン人の間では聖なる地位を占めていた。キリスト教の儀式にワインが欠かせないのと同様に、ゲルマン人はビールを儀式に使っていた。キリスト教の宣教師たちは、ゲルマン地域への布教のため教会や修道院を各地に建て、所有する広大な土地にブドウや穀物を栽培し、ミサに必要なワインを作るとともにビールも生産していた。修道院は昔からワインとビールのメーカーだったのである。それで現在でも、有名なワインやビールのなかには修道院や教団の名を冠したものがある。ビールでいえば「パウラーナー」(パオラ会)、「フランツィスカーナー」(フランシスコ会派)などがある。しかし、キリスト教化後、ワインは聖なる飲み物、ビールは世俗の飲み物と位置づけられるようになった。

中世の頃はワインとビールは食品のカテゴリーに入っていて、老若男女を問わずよく飲まれていたし、貧しい人たちにとってカロリー供給源として重要な食品であった。小麦の生産が限られているなか、雑穀を使って生産できるビールは大切な「食品」だったのである。小麦の代わりに雑穀を使ったパンはとうていおいしい代物とはいえなかったが、ビールにすればまあまあ味わえるものだった。それでビールは「液体のパン」と呼ばれるようになり、現在にも受け継がれ、酒飲みの格好の口実ともなっている。

古代ゲルマン時代からよく飲まれていたビールはさまざまな添加物が加えられていて、アルコール分の少ない飲み物であった。これを食事の時などに飲むのであるが、1日3リットル以上飲んでいたらしい。朝からワインやビールを飲んで仕事を始める人も少なくなかった。現在のビールと違って、度を越して飲んでも泥酔することはあまりなかった。

昔は食品の保存法が発達していなかったので、肉や魚やチーズなどは新鮮なものがまれで、たいていは保存のために塩漬けにされていた。食事が塩辛いからワインやビールは不可欠だったのだ。この伝統の流れか、今でもドイツの料理は塩辛いものが多い。加えて、19世紀までは清潔な水を確保するのが難しかったので、生水を飲むことはなく、アルコール度の低いビールを飲むか、ワインに水を混ぜて飲むのが当たり前だった。このような背景から、昔はワインもビールも現在より大量に飲まれていた。

かつては、工場や建設現場などの肉体労働者には仕事中に雇用主からビールが配給されていた。これは賃金の一部と考えられていた。現在でもビールを飲みながら仕事をしている人がいるが、職場でのアルコール自粛が進んでいる。

ドイツ人のビールに対するこだわりの代表例が「ビール純粋令」なる法律である。ビールとは麦芽、酵母、ホップ、水だけで製造されたものである、と法律に規定されている。この法律は1516年のバイエルン国王による勅令に起源を持っている。以来これがドイツビールの伝統となり、法律に規定されたもの以外の添加物を加えるとビールとして販売できなかった。

これはドイツだけの特殊事情で、他のヨーロッパ諸国では添加物を加えて作っている。それで「ビール純粋令」はEUの原則である商品の移動の自由を阻む非関税障壁だとして欧州裁判所に提訴され、1987年に敗訴した苦い経験がある。判決後、「純粋でない」外国産ビールが押し寄せてくるのではないかと心配されていたが、外国産ビールのシェアが拡大することはなかった。純粋令は現在も有効で、ドイツで生産されるビールはこれを守っている。ドイツビールのラベルには依然として「ビール純粋令により醸造」と明記されていて、ドイツビールの自負心と品質の象徴となっている。そして、純粋令によるビール製造をユネスコ無形文化遺産に登録しようとする運動が展開されている。

やはり肉食中心

ドイツ人の食事は肉中心である。年間1人当たり約60kgの肉を食べている。85%の人がソーセージを含めた肉類がほぼ毎日食卓にのぼっているとしている。よく食べられるのは豚肉が断トツの1位、次いで鶏肉、牛肉、ウサギなどジビエの順である。カモ、ウズラ、シカ、イノシシ、ウサギなどのジビエが食材として使われているが、これはドイツの森の文化、狩猟の伝統に根差したものである。ジビエの料理は特別なご馳走とされている。

しかし肉を食べない人たちがいる。ベジタリアンが約800万人、徹底した菜食主義者のヴィーガンの人が100万人以上いるが、その数は年々増え続けている。ヴィーガンは生き物を殺して食材にすることに強い拒否感を抱いていて、肉や魚のほか、卵、チーズ、ミルク、ハチミツなども口にしない。

古代ローマ時代、ゲルマン人の食生活は肉、木の実、ビール、豚の脂身、バターが主体だった。一方、当時の先進文明国、古代ギリシャ・ローマを中心とする地中海地域では肉はあまり食べず、小麦（パン）、ワイン、オリーブ油、野菜、果物が中心であった。キリスト教の布教とともに、南のワイン・パン文化と北のビール・肉食文化が融合していった。

その後、時代が進むにつれ食習慣の階級化が鮮明になり、肉は王侯貴族や富裕層など上流階級が食べるものとなり、農民や一般大衆はおもに穀物や野菜を食べていた。さまざまな種類の肉を、しかも狩猟鳥獣の新鮮な肉を大量に食べること、あるいは少なくともこれを食卓に供することが富と権力、すなわち貴族階級の証であり、植物性食品は価値のないものとみられていた。実際、市場に出回る食肉の価格は高く、庶民にはほとんど手が届かなかったし、森で狩猟する権利は貴族や領主が独占していたので野生鳥獣の肉も手に入らなかった。せいぜい塩漬けの豚肉をたまに食べることくらいしかできなかった。新鮮な肉といえば、家

狩猟文化の伝統をうかがわせるレストランの内装

で飼っているニワトリ、カモ、アヒルなどの肉しかなかったが、それも特別なお祝いや祭りの時に限られていた。それで塩漬けの豚肉は貧しさの象徴とされた。

中世以降は社会情勢により、食肉の生産が拡大して肉の消費量が増加したり、一転して消費量が落ち込む時期があったりした。食文化における階級意識が薄れていくなかで、19世紀後半に交通手段が飛躍的に発達し、保存・保冷技術も進歩して、アメリカ大陸やオーストラリアなどから安い食肉が大量に供給されるようになり、肉の値段が下落して一般に食べられるようになった。それでも、ハムやソーセージを除き、肉料理が庶民の食卓にのぼるのは週1回、日曜日の昼食くらいだった。

ドイツ人も魚を食べないわけではない。キリスト教の断食の習慣の名残りで、金曜日には肉料理ではなく、魚料理がよく食べられている。近年は寿司ブームの影響で生魚を食べるようになったが、基本的には火を通した魚を食べる。食に関して保守的で、あまり冒険をしないが、魚でも同様に慣れ親しんだものが主体となっている。一番よく食べられる魚はサケであり、キングサーモン、ニシンがこれに続く。最も魚介類を食べる地域は北部の港町ブレーメンで、反対にあまり食べないのは南西部のバーデン・ヴュルテンベルク州である。

ジャガイモとソーセージ

ドイツ人は1人当たりジャガイモを年間約60kg食べているが、この量は年々減ってきている。1

950年代は今の3倍ものジャガイモが消費されていた。若い年代ほどジャガイモを食べず、パスタや米料理のほうを好んでいる。日本の米離れの現象に似ている。これに対し、ラトビアやポーランドでは1人当たり年間100kg以上のジャガイモが消費されている。ドイツ人はジャガイモばかり食べているという固定観念はもはや通用しないのである。

ドイツでは長い間パンが主食の役目を担っていた。しかし、気候不順などによる穀物の不作や高騰が原因となって、中世以来飢饉がヨーロッパを繰り返し襲った。当時の人々は多くが飢餓と常に隣り合わせに生活していたのである。この飢えに対する有効な手段となったのがジャガイモであった。ジャガイモは肥料や水が少なくてすみ、耕作や収穫に特別な器具を必要とせず、簡単に栽培できるうえ、米や小麦よりも栽培期間が短く二毛作に適した作物である。ヨーロッパの寒冷な気候にも合っていて、単位面積あたりの収穫量が麦などの3倍近くある。おまけにビタミンなどの栄養素も豊富だ。ただ、貯蔵がきかないのが欠点である。

ジャガイモはもともと中南米原産で、ここを植民地にしたスペイン人が16世紀半ばにヨーロッパにもたらした。当初は食用とされず、花が観賞用として利用されていた。18世紀になってプロイセンのフリードリヒ大王がジャガイモの優れた特性に着目し、国民にジャガイモの栽培を促した。しかし、ジャガイモ栽培はいっこうに広がらず、国王が繰り返し命令を出し、従わない場合は厳罰に処すると脅したりもしたが効果はなかった。そんなジャガイモに転機が訪れたのは18世紀半ばになってからである。戦争による農地の荒廃と不作による飢饉を克服するためジャガイモ栽培が広まり、やがて主食の一角を占めるまでになった。その後フランドル地方、英国、アイルランド、北欧、ポーランド、ロシアへと拡大し、ヨーロッパの食糧事情の改善に大きく貢献した。19世紀の産業革命により都市の人口が爆発的に増大した時、貧しい労働者たちを支えたのもジャガイモだった。だがジャガイモにも不作がある。食料をジャガイモに依存しすぎていたアイルランドでは、1845年から1849年にかけて病害によりジャガイモが不作となって飢饉が発生し、人口が半減する事態が起きた。この時多くの人たちが海を渡り、アメリカ大陸へと移民していった。

ドイツのジャガイモの種類は日本の米の品種と同じくらい多種多様で、食べ方もバリエーションに富んでいる。メインディッシュの付け合わせに欠かせないものである。塩茹でにしたジャガイモなどを食べる時はナイフを使わず、フォークの背でつぶして食べるのがマナーである。

ドイツ人はほぼ毎日ソーセージを食べている。すでに書いたように、暖かい料理のない簡単な夕食をとるが、ソーセージはこの軽い夕食において中心的役割を担っている。肉の年間消費量の半分をソーセージが占めていて、1人当たり平均約30kg、1日あたりでは80g強となっている。

ソーセージもビールに劣らず種類が豊富で、約1500種類あるといわれている。ゆでたり、焼いたりするもの、ハムのようにスライスして食べるもの、ペースト状のものなどがある。素材は豚肉、子牛肉、牛肉が主体であるが、子羊、ニワトリ、狩猟鳥獣、ロブスターやウナギなども使われたりする。レバー、血液、舌を使ったものもある。そして地域特有のものもあり、これは最低でも

500種類あるとされている。長さや太さ、スパイスによる味付けや調理方法に地域の文化や風習が反映されていて、独自のソーセージとなっている。それで生産地の名前を冠したものが少なくない。たとえば、焼きソーセージとして知られる「ニュルンベルガー」や「チューリンガー」、細身のゆでソーセージの「フランクフルター」、豚の胃袋にジャガイモや豚肉を詰めて作るプファルツ地方の「ザウマーゲン」などがある。

このようにたくさんの種類があるなか、ビール同様、決め手となるのは「故郷の味」だ。地域ごとに独自のソーセージがあり、子どもの頃から食べなれた故郷のソーセージを食べるのである。ビールとともにソーセージは地域文化の象徴であり、ドイツの「文化財」とまでいわれている。

このドイツ文化の象徴を揺るがすような「事件」が起きた。ソーセージなどの加工肉を1日50グラム食べると結腸や直腸のがんにかかるリスクが18％高まる、と2015年にＷＨＯ（世界保健機関）が発表したのである。ソーセージは喫煙やアスベストと同じリスクグループに分類されていた。毎日80ｇ強のソーセージを食べているドイツ人には衝撃的だった。この発表に対して業界、政界などに反発が広がったが、なかでもマスコミはドイツの伝統文化を守れとばかりにＷＨＯに批判的な報道を繰り返した。

ドイツ人のソーセージへの思い入れはビールに劣らず筋金入りだ。ソーセージはもともと保存食として考え出されたもので、ヨーロッパでは中世になって広まった。ドイツで特に好まれるようになったが、品質の悪いソーセージが出回ったりしたので、11～12世紀あたりから製造方法を厳しく定めた規則が各地で作られた。この辺の事情もビールと似たようなところがある。かつてドイツ帝国の宰相ビスマルクが、「ソーセージと法律ができあがるまでの過程を知らなければ、その分安眠できる」と言ったほど、さまざまな部位の肉を使うソーセージの作り方に疑いの目を向けていた人は少なからずいた。

ソーセージも昨今の健康志向の逆風を受けてはいるものの、肉消費の中では健闘している。食肉業界によれば、ソーセージには栄養価の高い鉄分、ビタミン類、消化吸収に優れたタンパク質、アミノ酸、ミネラル（無機質）が含まれていて、バランスのとれた食生活には欠かせないということだ。さらに、国内に８００万人以上いる菜食主義者をターゲットに、大豆などを原料とするソーセージも販売されている。

ドイツワイン

ドイツでは主としてリースリング種のブドウが栽培され、生産されるワインの66％が白ワインである。ワインの味は産地とブドウの種類によって異なるが、ビンの色や形も産地によって違う。一般的には、モーゼルワインは緑色のビン、ラインワインは茶色のビンで売られている。同じ緑色でもフランケンワインのビンは背が低く、円形で平べったい袋の形をしている。ドイツワインは甘口というイメージがあるが、ドイツ人は一般に、食事の時には辛口のワインを、食事以外の語らいの

ワイン名産地ラインガウのエーバーバッハ修道院
12世紀以来ワイン作りが行われている

場などでは甘口のほうを好んで飲む。辛口にはトロッケン（辛口）とハルプトロッケン（やや辛口）の2種類がある。

ドイツワインの等級は、ブドウの摘み取り時期により、おおざっぱにいって「カビネット」、「シュペートレーゼ」、「アウスレーゼ」、「アイスワイン」に分けることができる。摘み取る時期が遅いほどブドウの成熟度が増し、したがって等級も糖度も上がる。「カビネット」は通常の時期に摘み取ったブドウから作られるものであり、「シュペートレーゼ」は遅摘みという意味で、通常の時期より7日以上遅れて収穫したブドウを使う。さらに時間がたって完熟したブドウからできるのが「アウスレーゼ」（「選りすぐり」という意味）、これよりももっと遅く、ブドウの実が凍りつくのを待って摘み取り作り上げたのが「アイスワイン」（氷のワイン）である。

アイスワインは上品な甘さと香りを持つ最高級品だが、毎年できるとは限らない。

ドイツワインの歴史は、西暦１００年ごろに古代ローマ人が果樹栽培とともにワインをもたらしたことに始まる。その頃ローマの植民地であったライン川やモーゼル川の流域にワイン作りが伝えられた。中世の頃は修道院を中心にワインが作られていた。修道院所有のブドウ畑はその多くが現在では所有者が変わっているが、ワイン作りの伝統は引き継がれ、なお良質のワインを生み出している。このような歴史的背景から「～修道院」というブランド名のワインが少なくない。

現在でもライン・モーゼル川沿岸の斜面にブドウ畑が広がり、ワインの主産地となっている。このあたりがブドウ栽培の北限とされていたが、温暖化の影響もあってワインの北限ラインがあがってきている。そしてこれはアイスワインにも影響を及ぼしている。アイスワインは、冬に零下７度から10度にまで気温が下がり、完熟ブドウの実が完全に凍るのを待って収穫し生産される。凍ることで果実の中の水分が分離され、甘みの強い芳醇なワインができあがる。ところが温暖化の影響でブドウの実がなかなか凍らず、収穫できないことが多くなってきた。１９８０年代までは生産量が安定していたが、１９８８年以降は生産量にばらつきが目立ちはじめている。

食品廃棄を減らす取り組み

ドイツでは年間１人当たり約55kgの食料品が捨てられている。その半分はまだ食品として利用可能だ。廃棄される食料品のうち一番多いのは生野菜や果物で、これに調理済みのもの、パンや菓子などが続く。廃棄する理由としては、腐らせてしまったり、味が落ちていたりなど鮮度に関するものが57％でトップ、次が作りすぎたり、味付けがうまくいかなかったりして食べ残したためとするのが21％、そして12％が必要以上に買ったり、パックの容量が多すぎたりしたためとしている。

若い世代ほど食料品を捨てるのに抵抗感を持っていない。食糧難に苦しんだ戦中世代では34％近く、戦後世代（１９４５年～１９５４年生まれ）では約27％が食料品を捨てたことがないとしているのに対し、ベビーブーム世代（１９５５年～１９６４年）では約17％、そして１９８０年から１９９５年生まれの世代だと8％にまで落ちている。また、小さい子どもがいる世帯ほど廃棄する食料品の量が多くなっている。

政府は２０３０年までに食品廃棄量を半分にすることを目標にしているが、具体的措置や法律などはまだできていない。フランスなどいくつかの国ではすでに、スーパーなどによる食料品廃棄を厳罰化している。その一方で、廃棄せず、困っている人への支援活動を行っている団体などに寄付すれば、税制面で優遇措置を受けられるようにしている。

ドイツでも食品ロス撲滅に向けて活動している個人や団体がある。たとえば、形が悪かったり、小さすぎたり、虫食いがあったりして、市場に出せず廃棄される農作物はかなりの量になる。このような野菜を農家からもらい受け、町で販売しているグループが各地にある。商品の価格は買い物客自身が決めて支払うことになっている。さらには、ＳＮＳを通じてこれらのグループのネットワークができていて、農作物を互いに融通しあって商品の偏りがないようにもしている。

また、ホテルやクルーズ船のレストランからも大量の廃棄食品がでる。特に朝食ビュッフェが問題で、料理を種類・量ともたくさん並べておかなくてはならない。料理にバラエティーがなく、量が少ないと客から苦情が出るが、客はすべてを食べるわけではない。そこで一部のレストランでは料理を小分けにする、パンを小さくするなどして客が適度な量をとれるように工夫している。さらに、調理場に透明のごみ入れを設置して何がどれくらい廃棄されるかを可視化し、作りすぎないよう心掛けたりしている。

消費者の意識を変えることも必要だ。消費者は、スーパーではたくさんの商品が棚を埋めつくすように並べてあるのが当たり前と感じ、商品棚が隙間だらけの店は敬遠する。そこでスーパーは大量の商品を並べるのだが、すべてが売れるわけではなく、賞味期限切れの商品が捨てられることになる。食料品の生産、輸送、販売には電力や石油などたくさんのエネルギーがすでに使われているのに、廃棄するとなると温室効果ガスがさらに大量に発生することになる。食品廃棄は環境への負担を一層高めることでもある。

そんななかバイエルン州で、スーパーのごみコンテナをこじ開けて捨ててあった食料品を持ち去ったとして、女子大生2人が窃盗罪で逮捕され、罰金刑が言い渡されるという事件が起きた。コンテナに捨てられていたのは賞味期限切れの食品であったが、女子大生たちは、まだ十分に食べられるものが廃棄されていることをアピールするため、このような行動に出たのだという。フランスではこのような食品は捨てずに必要な人に提供するよう義務づけられているから、ドイツも同様にすべきだと主張している。ただ、スーパーのごみコンテナにはカギがかけられていたので、これをこじ開けて持ち去ったことで窃盗罪に問われたのだ。バイエルン州では同じような事件が何件か起きている。

5．教育と資格

資格と職業の一致

ドイツでは学歴と資格と職業が密接に結び付いている。どこで何を勉強したかによって取得できる資格が決まり、この資格によって職業が決まる。ここでいう学歴とはどの大学を出たかというのではなく、大卒か高卒かという最終学歴のことである。

ドイツでの職業はブルーカラー（おもに工場労働者や肉体労働者）、ホワイトカラー（オフィスで働く事務職員）、官吏（公務員の一部、裁判官、検察官、警察官、軍人など）、自由業者（医師、弁護士、税理士など）、職人（パン屋、肉屋、電気工、配管工など）に大別される。公務員の中には官吏のほかに、ブルーカラーもいれば、ホワイトカラーもいる。官吏はその他の職種グループとは労働条件が異なっていて、年金でなく恩給を国または州からもらう。裁判官や検察官はすべて官吏である。外国人は官吏になれない。

労働時間や賃金などの統計では、常にこの官吏とホワイトカラーとブルーカラーのそれぞれについて数字が掲げられている。それは働き方や賃金体系が違っていて、ひとつの統計にまとめることができないせいでもある。ブルーカラーはかつては日給制であったし、ホワイトカラーのほうは週給制または月給制であった。

学歴と資格と職業が一体となっているから、パン屋になるには職業学校に通い、パン屋で研修をし、一人前のパン職人としてパン屋で働き、場合によっては自分の店を持つようになる。これはドイツ人にとっては至極当たり前のことだ。日本でよくある、大学を出た息子が親の後を継いでパン屋になったりすることなどは、ドイツ人には理解できないし、想像もつかない。ドイツでは大学を出たら、そこで勉強して得た卒業資格を生かしてホワイトカラー、官吏、自由業などの職業につくのである。パン屋になるつもりなら最初から大学などに行きはしない。また、大学を出た後も自分の専攻と畑違いの仕事をしようとも思わない。工学部を卒業した人が企業に入社して営業をしたり、心理学を学んだ人が銀行に就職したりするようなことはあまりない。ところが、２００２年の労働市場改革により失業手当や失業扶助金の給付条件が厳格化され、職業資格に合わない仕事にもつかざるをえなくなっている。職業資格に合わないからと、職業安定所から紹介された仕事を拒否ばかりしていたら、これらの給付金が減額されてしまうのである。

将来設計は10歳で

ドイツでも子どもたちは満6歳から初等教育が始まり、義務教育は9年間（一部の州では10年間）続く。子どもたちはまず基礎学校に入学し、4年生で自分の将来の進路、つまりどの上級学校へ進学し、どのような資格を取得するのかを決めなくてはならない。卒業資格と職種とが緊密に結び付いているので、これは同時に職業の選択をも意味している。上級学校には3種類がある。職人や工場労働者を目指す基幹学校、おもに民間企業の一般事務職や下級・中級公務員になるための実科学校、大学に進学するためのギムナジウムである。

たとえば家具職人になろうとする人は、基幹学校を卒業した後、週1～2日職業学校に通いながら、同時に週3～4日家具製作所で職業実習を受けることになる。理論と実地を組み合わせたこの研修形態は二元的職業教育と呼ばれ、ドイツ独自のものである。ドイツの高い技術力はこの制度にあると考え、これを導入する国は少なくない。職業学校の授業料は無料で、職業実習では賃金を受け取る。この職業研修は2年から3年続く。

10歳で将来の進路を決めなければならないと聞くと、子どもにとって苛酷な選択であるかのように考えてしまう。しかし、ここでは特定の職業を決めてしまうのでなく、自分の人生をどの方向に向けるかという大まかな将来設計を立てることなのである。日本のように学校を出てから職業を決めるのではなく、将来働こうとする分野を見すえてこれに適した教育を選択するのだ。一度選択したらもう変えられないというのではなく、進路を変更しようと思ったら学校に入り直したり、専門研修に通ったりして、必要とする資格を取ることができる。職業研修を終えてもなお勉学意欲のある人に大学入学の機会を与えようとしているが、制度化が遅れている。職業研修を経て大学に入学した学生の割合はOECD加盟国の中でも極めて低く、1％程度である。奨学金制度などの支援策の充実が求められている。

ドイツの学校は一般的に午前中だけで終わる。そのため日本のような学校給食というものはない。子どもたちは簡単なサンドイッチや菓子類を持っていって、お腹がすいたら休み時間に食べる。放課後教室を掃除することもなく、昼にはもう家に帰ってくる。教室の掃除は清掃会社に委託してある。学校でのクラブ活動も日本ほど盛んではない。ドイツでは学校単位ではなく、地域単位にクラブがあり、これに加入してスポーツや音楽・演劇などの文化活動をする。それでも最近は午後も授業がある全日制の学校が増えてきている。当然給食もあるが、その内容や質には問題があり、批判が絶えない。

日本の子どもたちにとって羨ましいのは、大学受験がないので受験勉強も塾もないこと、夏休みなど長期の休みには宿題がないこと、制服も生徒の行動やヘアースタイルまでこと細かく決めた校則もないことである。しかしドイツには教室を平気で汚したり、物を壊したりする生徒がいて、日本の教室に比べればかなり悪い状態にあるようだ。

私立学校が急増

ドイツは公立学校が主体で、日本ほど私立学校は多くなかった。それが最近では私立学校が急増している。私立学校に通う子どもの割合は１９９０年代と比べて約2倍になり、現在ではほぼ10人に１人となっている。旧東ドイツ地域ではこの割合がさらに高い。

私立学校に通うのは親の学歴が関係しているようだ。大卒の親を持つ子どもが私立学校に入学する比率は上昇を続けていて、旧西ドイツ地域で17％、旧東ドイツ地域で23％に達している。

ドイツの基本法（憲法）では、私立学校の認可にあたって、授業料はすべての親にとって負担可能なものでなくてはならないと規定されている。そのためには授業料の上限を定めたり、世帯収入別に授業料を設定したりして、公立学校同様すべての子どもに開かれたものにし、社会の分断を防ぐ対策が必要なのだが、学校教育を担当する州政府の取り組みは進んでいない。

経済的負担にもかかわらず、子どもを私立学校に通わせたい親たちがいる。移民家庭の児童が増えてドイツ語を含めた学力が低下したり、いじめなど校内暴力が問題となったりする公立学校が少なくない。授業料徴収などである程度入学生が選別される私立学校となれば移民系の児童が少なくなるし、学校独自の教育方針にしたがって子どもたちをしっかり教育してくれると期待できる。実際、学校にどんな教育を期待しているかをたずねると、「ふるまい、作法」という答えが「就職や進学のための教育」、「経済教育」、「ＩＴ教育」をおさえてトップに立っているのである。

このような背景からキリスト教会系の学校への人気も高まっている。教会系の学校も私立学校であり、カトリック系とプロテスタント系とに分かれている。ドイツ国内に約１９００校あり、生徒数は50万人を超えている。また、カトリック系学校の４分の１は女子校である。学生寮を備えた全寮制の学校も少なくない。私立学校ではあるものの、授業料をとらないところが多い。学校運営費の50％から60％は公的助成で賄われており、寄付も重要な財源となっている。

ヨーロッパにおいては、教会による学校は長い間エリート養成機関としての役割を果たしてきた。特に有名なのが反宗教改革の旗手として登場したイエズス会の学校だ。その学校は寄宿制であり、高い教育を受け、清貧を義務づけられた修道士が教師となっていた。主として貴族や都市の富裕層出身の男の子が学んでいた。

この歴史と伝統から今でもキリスト教会系の学校には名門校が多く、近年入学希望者が急増している。希望者の約25％は入学できず、なかにはこの数字が65％以上に達している学校もある。入学にあたってその宗派に所属していることを条件にする学校は少ないが、カトリック系の学校では、洗礼を受けていること、子どもまたは親が教会活動に熱心かどうかなどを重視するところが多い。親たちは総じて教育熱心で、学歴が高く、移民系の子どもたちがほとんどいない「よい教育環境」に強く惹かれている。子どもの教育やしつけに悩む親たちは、確固としたキリスト教的価値観に基づき、厳しくしっかりとした教育を行っている教会系の学校に期待を寄せているのである。

公立学校と異なり、朝のお祈りで学校の1日が始まる。通常のカリキュラムのほかに、キリスト教の歴史や信仰に関する授業、祈りの時間、社会福祉施設での課外授業などが行われている。通常の公立学校にもキリスト教に関する授業があるが、事実上選択制で、全員が受けるわけではない。教会系の学校では、全員が出席しなければならず、しかもキリスト教に関する授業の頻度や内容の深さは、当然のことながら、通常の公立学校の比ではない。教師陣の意識や質も高く、生徒指導に熱心である。教員の大多数が敬虔なキリスト教徒で、教育に関してしっかりした考え方を持ち、教員同士が一致協力して生徒指導にあたっているという。全般に学校の学力水準は高く、卒業生の就職率もいい。

ゆらぐマイスター制度

手工業や商業の分野で代表的な資格にマイスターがある。職業資格の頂点に立つものであり、厳しい資格試験に合格しなくてはならない。開業にあたってマイスター資格が義務化されている業種がある。

ところが2003年に欧州裁判所が、マイスター資格を義務付けているのはEU内におけるサービスの移動の自由に違反しているとの判断を下した。これを受けて、EU内で一定期間事業を営んでいれば、ドイツでの開業が認められるようになった。ただし、この規定はドイツ人には適用されない。さらに、2004年には規制緩和が実施されて、マイスター資格取得義務のある業種の数が

94から41に大幅に減らされた。以来、新規開業の事業所が増え続けている。これらの緩和措置は特に移民の人たちの雇用機会を広げるものとして評価する声もあるが、個人事業主が増え、マイスターが営む既存の事業所が不公正な競争にさらされているとの批判もある。個人事業主の場合、規模が小さく、売上高もさして高くないので、日本の消費税にあたる付加価値税（19％）を請求されることがない。そのため、一般に経営規模が大きいマイスターの事業所は価格競争の面で不利を強いられているのである。

マイスター制度は長い伝統を持ち、最高の技術と経験と専門知識を持つ人材を育ててきた。この制度が技術力を伝統的に支え、ドイツの物づくりを世界のトップクラスに押し上げたと言ってよい。マイスターは自分の仕事に大変な自負を持つ職人であるが、同時に後進の技術者を育てるという社会的義務も負っている。現在では、伝統的な「手工業マイスター」、企業の工場などで職長として働く「工業マイスター」、「商業マイスター」、「農業マイスター」などに分かれている。

ドイツでは11世紀から12世紀にかけてさまざまな職種で職人が誕生し、都市の経済や生活を支えてきた。職人たちは職種ごとに「ギルド」または「ツンフト」と呼ばれる同業者組合を作り、業種全体の生産を管理・調整し、製品の品質・販売・利益などに関してルールを定めていた。さらには、職人の職業意識を高めたり、職人の教育や福祉制度を充実させたりする活動も行った。ツンフトは都市の発展とともに成長し、都市を構成する重要な一員となり、14～15世紀を通じて都市における発言権を拡大していった。18世紀を過ぎる頃には国家組織の中央集権化や産業革命により都市の自治権は空洞化し、ツンフトの社会的地位も経済的支配力も低下してゆき、19世紀中頃にその使命を終えた。

ツンフトの中では身分が分かれていて、親方である「マイスター」を頂点に、「職人」、その下に「徒弟（見習）」という順になっていた。徒弟は親方の家に住み込んで仕事を習い、職人、親方へと昇格を目指す。マイスターには最高の技術だけでなく、徒弟を自分の家に住み込ませて教育する役目も求められた。後に、親方の数がその都市の許容範囲を超えるようになって、徒弟や職人の修業期間も次第に長くなっていった。14世紀後半からは町から町を渡り歩いて修業を積む遍歴職人制が始まり、職人から親方になる道はさらに狭められていった。職人たちは見聞と知識を広めるために、何年にもわたって遍歴をしなくてはならなかった。そういった背景は、シューベルトの歌曲『美しき水車小屋の娘』にも見てとれる。

バイオリン製作マイスター
アルプスの麓にある工房にて

中世に始まる遍歴職人の制度は現代でも一部で受け継がれている。今も職人たちは独特の帽子をかぶり、すその広がった黒いズボンをはき、イヤリングをつけるといういでたちで、仕事をしながら町から町へと遍歴する。3年にわたる遍歴期間中は、親の死以外で故郷やその周辺（半径50㎞以内）に近寄ってはならないという決まりがある。また、旅費を自分で工面して海外に遍歴修行に出る人もおり、日本へも時々やってくる。

このようにドイツでは昔から職人教育が重視され、技術を受け継ぐ後進を育ててきた。これに対して日本では昔から「技術は盗め」といわれ、親方が弟子に手取り足取り教えるのではなく、親方のやり方を見て、真似て、その技を盗むことが伝統的に修行とされ、職人たちは親方の技術を自発的に習得してきた。技術者育成と技術の継承における日本とヨーロッパの考え方の違いから、日本が西洋の技術を受容する過程で技術を盗んだという誤解が生まれ、１９８０年代初めまでそういう見方が根強くあった。

大学への道

ドイツの大学には入学試験がない。だからといって、大学入学に関わる試験がまったくないというのではない。ギムナジウムの終了試験であるアビトゥーアに合格しなくてはならない。この試験は選抜試験ではなく、資格試験であるから、一定の点数を取ればみな合格する。合格後は基本的にどこの大学、どの学科にも自由に入学できる。だが、入学希望者が多く、入学制限をしている学科がある。この場合はアビトゥーア試験の成績が大きなウェートをしめる。入学が認められなかった時には、定員に空きができるまで何学期か待たなくてはならない。そして、超人気の学科（医学部や歯学部）では選抜試験も行われる。入学してから大学や専攻を変えること、つまり転校や転学部は一定の条件の下で可能だ。その場合、最初からやり直すのではなく、すでに取得した単位が認められる。

大学の1年は夏学期（4月~9月）と冬学期（10月~翌年3月）とに分かれている。これは便宜的に2つのブロックに分けられているのではなく、ドイツでは入学の時期も卒業の時期もそれぞれ年に2回あることを意味している。夏冬どちらの学期に入学してもよいし、どちらの学期で卒業してもよい。在学期間は年数でなく、この学期数を単位として数えられている。だから、一斉に入学や卒業することも、一斉に就職活動をすることもない。就活は1年を通して学生が個別に行う。また、一般教養科目というようなものはなく、最初から専門科目の勉強をする。基本的には、主専攻1学科、副専攻2学科を選択し、そのそれぞれで卒業試験に合格しなくてはならない。

私立大学を除けば、基本的に授業料を払う必要はない。機会均等と大学の社会への開放をかかげ、大学は1970年に無料化された。その後、大学の財政難、学生数増加にともなう大学施設と教員の不足、そして在学期間の長期化傾向を背景に、2006年から7州で授業料（1学期あたり500ユーロ）が再導入されたが、2014年までに結局すべての州で撤廃された。以来、いくつかの例外を除いて、ドイツの公立大学に授業料はない。ただし、大学によって100ユーロ程度から4

00ユーロ超まで幅があるが、共益費・セメスターチケット（公共交通機関利用の通学パス）代の名目で学期ごとに徴収される。

大学が無料化された1970年から学生数が増え続けている。大学進学率は約58％、学生数は約240万人（うち外国人学生は約32万人）に達している。学生の増加に対して大学施設や教員数が追い付かず、学生が教室ですし詰め状態だったり、受講人数制限により希望の科目が取れなかったりすることも少なくない。ただ、少子化の影響で今後は学生数の減少が見込まれる。

進学率は高いのだが、この人たちがすべて卒業するわけではない。OECDの調査によれば、在学生の5人に1人しか学業を修了しない。加えて、最短修了期間の8学期（4年）で卒業する学生は少なく、平均在学期間は14学期となっている。これは他のヨーロッパ諸国と比べても長い。西ヨーロッパでは大学卒業年齢が平均22歳から23歳であるのに対し、ドイツでは27歳である。若く活力のある大卒者が社会で活躍する期間が他の国よりも短く、その分社会にとって大きな損失となっている。OECDの予測では、今後はドイツの若者の31％が大学を卒業するとされるが、OECD平均値は38％だ。

ドイツで最古の大学は1386年創立のハイデルベルク大学である。学生数が最も多いのはミュンヘン大学で、約5万人が学んでいる。また、学生にとって人気の町もミュンヘンで、交通や買い物の便のよさ、多彩な公園施設、活気あるナイトライフなどが学生をひきつけている。唯一の欠点は家賃が高いことだ。ミュンヘンに限らず、学生にとって一番の悩みは住居である。学生寮が満杯状態のうえ、安価で良質な民間物件も不足していて、ひとつの部屋を何人かでシェアするようなことも起きている。部屋を見つけるのが困難なうえに、家賃が極めて高い。大学に近い広さ30㎡の部屋の家賃はミュンヘンが最も高く、月634ユーロ（約8万3000円）もする。次に高いのはフランクフルトで499ユーロ、3位はハイデルベルクの437ユーロである。学生の増加に住居の数が追いついていない。

ボローニャ・プロセス

ドイツの学生はよく勉強する。勉強してせっせと必要単位を取り、最後に待ち構えている難しい修了試験に合格しなければならない。何年在学しようともこれに合格しないと卒業できない。日本のように4年で半ば自動的に卒業できるわけではない。学生たちは充分に準備をしたうえで試験を受けるのである。日本では「学士号」を取得して大学を卒業して行くが、ドイツには最近までこのような資格はなかった。修士号（人文系）、ディプロム（理工学系や商学部など）、国家試験（法学、教育、医学など）のいずれかの資格を取ることになっていた。さらに勉強を続けて博士号や大学教授資格を取る人もいる。

EUは統一市場を作り、人の往来と商品・サービス・資本の移動を自由化してきた。同じような考え方から、グローバル化をにらんで、1999年に欧州統一教育・研究圏創設に向けた協定がイタリアのボローニャで結ばれた。これは「ボローニャ・プロセス」と呼ばれている。その目標は、産業界の即戦力となる人材の育成、在学期間短縮化と卒業率の向上、大学運営の自立化促進、国際競争力の強化などである。即戦力人材育成のため、大学制度を柔軟化し、産業界で求められている人材を養成できるようカリキュラムを再編成し、卒業に至る過程をスピードアップして、有能な学生を滞りなく労働市場に送り込もうというのである。これに対し、企業側への配慮が勝ちすぎていて、実学的面ばかり強調され、大学が本来担ってきた研究・学術機関としての役目、特に基礎研究分野がおろそかにされているとの批判は根強い。また、学生も就職をにらんで実用面ばかりに目が向いていて、学問的アプローチや学術研究をあまり評価せず、この分野への関心が薄くなっているといわれている。

さらには、国際競争力強化の一環として、大学教育制度の共通化、カリキュラムの互換性拡大、取得単位の相互認定により、学生の流動性、つまり留学や国際交流を促進し、大学と学生の国際化を目指している。そのなかで、共通の卒業資格「バチェラー」（学士号）と「マスター」（修士号）からなる2階建ての卒業制度を導入し、迅速かつ容易に卒業資格を取得できるようにした。卒業資格を統一化することで、学生が何を学び、どんな資格を持っているのかが国内外の企業に一目瞭然となり、学生が外国で働けるチャンスが広がることになる。ドイツも従来の「マギスター」（修士号）と「ディプロム」を廃止して、順次新しい資格の学士号とマスターに切り替えようとしているが、思ったように進んでいない。新しい「マスター」資格は以前の「修士号」（マギスター）とは異なるので、英語の呼び名がそのまま使われている。

これと並行してドイツは、外国出身の学士号取得者を対象とした国際大学院大学、外国人の割合を30％以上にして英語で授業を行う大学院大学などを設置して、博士号が3年で取得できるようにもしている。２００6年からはトップレベルの大学を指定して潤沢な助成金を投入し、優秀な学生を内外から集め、高度な教育を行い、トップクラスの研究者の育成に努めている。このエリート大学制度には、大学の二極化につながるとの懸念がある。加えて、今までなかった助教・准教授制度を導入したり、給与体系に業績をより反映させるようにしたりして、優秀な研究者をドイツの大学につなぎとめようとしている。

ボローニャ・プロセス開始後10年を経た２００９年に、ドイツ各地で学生を中心とした抗議活動が巻き起こった。参加者は2万人を超え、抗議デモ、授業ボイコット、大学占拠などが行われた。彼らの主な要求は学士号・マスター制度の見直し、大学の民主化と学生の大学運営への参加、経済界の影響力排除、教員の増員、「エリート大学」制度廃止であった。新たな学士号制度には特に批判が強く、ハイスピード課程と呼ばれ、学生に負担とストレスを強いるものとされた。学生は標準在学期間の6学期で、つまり3年で学士卒業するよう求められている。授業への出席が義務化され、たびたび試験が行われ、息つく暇もなく勉強して3年で卒業しなくてはならない。まるで高校生並みの扱いであり、学ぶ意欲を失わせるものだとの不満がたまっていた。

これを受けていくつか手直しが行われた。学士卒業年限に柔軟に対応したり、授業への出席義務を撤廃したりする大学が増えた。さらに、マスターへの進学に際して成績によるふるい落としをなくそうとしている。これらの措置により学生へのプレッシャーはいくぶん和らぎ、時間的・精神的余裕が生まれているようだが、学士課程の学生の68％がなおストレスと負担を感じているという。

新しくできた学士号に対する認知度はあまり高くない。学生の4分の1が職業資格としてと思っているにすぎない。それで学士卒の6割が引き続きマスターに進学しようとしている。自然科学分野では特に顕著で、物理専攻で100％、化学専攻で90％がマスターに進学している。学生自身だけでなく、社会や企業も学士卒では「モノにならない」と考えている。また、マスター課程には定員枠があり、成績による選抜もあるので全員が進級できるわけではない。定員に空きができるまで学業を中断せざるをえない学生も少なくない。ただ、このことが皮肉にも学生の外国留学促進に寄与している。学生の3分の1が外国に行っているが、その多くは学士卒業とマスター課程進学の合間の時期を利用しているのだ。政府もこの合間の時期に着目し、外国留学を奨励しようとしている。

数字で見る学生生活

学生の生活実態を把握するため、4年ごとに大規模なアンケート調査が行われている。直近の調査から浮かび上がった学生の生活ぶりは次のようなものだ。

平均年齢は24・7歳で、親元から通っている学生は20％、学生寮に住んでいるのは12％である。

学生寮は格安に住めるので希望者が殺到していて、部屋があくまでかなり長く待つ。ドイツにはカップル用の学生寮もある。学生の6%が既婚または同性のパートナーと生活をともにしている。ドイツでは同性愛は社会的に認知されている。

勉強に費やす時間は週平均33時間。うち、15時間は大学での授業で、18時間は自習となっている。最も人気の学科は工学系の学科である。学生の68%がアルバイトをしていて、勉強に費やす時間を削らざるをえない。学生の3分の1が勉学にかける時間が週25時間以下となっており、専門家はこれをパートタイム労働ならぬ、「パートタイム学生」と呼んで警鐘を鳴らしている。

次に経済面を見ると、月の平均収入は918ユーロ（約12万円）であるが、大多数の学生は700〜800ユーロの間だ。1300ユーロ（約17万円）以上の収入がある学生の割合がこの4年間に5%から10%へと上昇しており、この人たちが平均額を押し上げているのだ。学生の86%が親から仕送りを受けていて、その平均額は541ユーロ（約7万円）となっている。そのほか、アルバイト収入が平均385ユーロ、奨学金が435ユーロである。支出面では家賃・公共料金が323ユーロ（約4万2000円）で、最大の支出となっている。続いて食費168ユーロ、交通費94ユーロ、健康保険など社会保険料80ユーロの順である。やはり家賃の比重が大きく、家賃高騰は学生の財布を直撃している。

出身家庭を見ると、親が大卒の家庭出身者は52%、大学を出ていない親を持つ学生は48%となっている。一般に、大卒の親がいる家庭では子どもの77%が大学に進学しているのに対し、そうでな

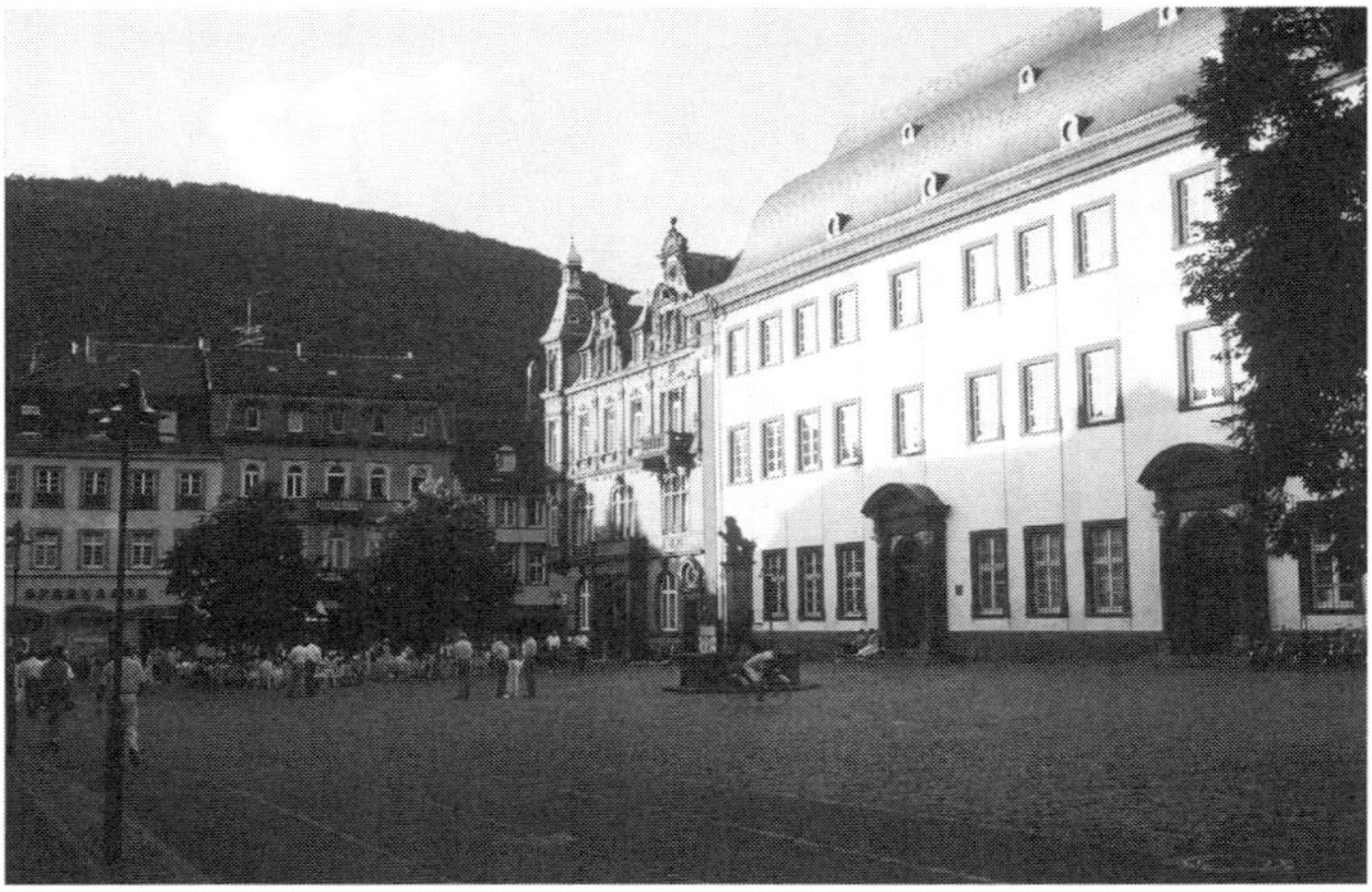

ドイツ最古のハイデルベルク大学のキャンパス。町の中に溶け込んでいる

い家庭（特にブルーワーカー世帯）の子どもは23％しか進学していない。だが、実際の学生数では両グループはほぼ同数となっている。その理由としては、もともと全人口に占める大卒者の割合が低いうえ、一般的に大卒家庭では子どもが少ないことがあげられる。一見すると、出身階層による格差が縮まってきているようだが、専門家によればむしろ広がってきているということだ。高学歴家庭出身の学生は総合大学に入学し、親から仕送りを受け、成績優秀者が受けられる給付型奨学金を利用でき、アルバイトをする必要はなく、したとしても大学助手など世間体のいい仕事となる。逆に、低学歴世帯出身の学生はというと、大体は卒業年限が短く、実学向きの単科大学で学び、貸与型の奨学金を受け、場合によっては学資ローンも利用し、工場や飲食店などでアルバイトに励まなくてはならないのである。ドイツでは自分の親

より高学歴の人の割合は24％にすぎない。ＯＥＣＤ加盟国の平均値は39・２％である。逆に、親より学歴が低い人はドイツで18％、ＯＥＣＤの平均値は11・６％である。ちなみに、日本は前者が40％、後者が11・５％となっている。

移民家庭の出身者は20％いる。このうち71％はドイツで、29％は外国で生まれている。移民系学生の過半数が低学歴世帯の出身だ。移民系学生の割合は、２０１６年に実施された調査によると４年前に比べ３％も減少した。ギムナジウム以下の学校では移民系の生徒数が大幅に上昇しているのだが、この現象に逆行する数字といえる。

アンケート調査から浮かび上がってくるのは、大学進学にともなう経済的負担が低学歴・低所得世帯を中心に重くのしかかっている実態だ。この世帯の出身者の割合が減少し続ける一方、入学してもアルバイトに時間を取られ、学業に充分な時間が確保できないでいる。最近、公的奨学金が月額最高７３５ユーロにまで引き上げられたが、これでも足りない。普通の学生生活を送るのに月９４０ユーロ前後が必要だとされている。

留学先としてのドイツ

ドイツは外国人学生の受け入れに積極的で、約32万人の外国人が学んでいる。学生の９人に１人が外国人であり、新入生では20％超の割合に達している。ボローニャ・プロセスの影響で約半数は他のヨーロッパ諸国から来ている。これに続くのが、中国、ロシア、そして最近増加の著しいインドからの留学生である。

　ドイツは留学先として世界でも高い人気を誇っている。留学希望者の20％が米国を、10％が英国を選んでいるが、これに続くのがドイツとオーストラリアで、それぞれ7％となっている。ドイツを除いてすべて英語圏にあることを考えれば、健闘のほどがわかるというものだ。ドイツを留学先に選ぶ主な理由として、卒業資格が世界的に認められ、評価されていること、生活費や学費が少なくて済むことがあげられている。外国人の場合、アビトゥーアと同等の資格を持ち、ドイツの大学が実施するドイツ語能力試験に合格すれば入学できる。外国人でも授業料は無料で、ドイツ人の学生と同等に扱われる。ゼミなどでもドイツ人と同じ能力を要求される。入学は簡単だが、卒業は難しいという原則は外国人にもあてはまる。

　外国人学生が専攻するのはおもに工学、数学など自然科学、経済学、法学、社会学である。特に、英語で学ぶことができる国際マスターコースでは学生数が3倍に増えた。さらに、ドイツ人学生に比べて卒業率が非常に高く、90％台にある。

　外国人学生の中にはドイツ社会への適応の面で問題を抱えている人が少なくない。外国人学生の30％が自分のドイツ語能力は十分でないとしている。ドイツ人の同級生とのコミュニケーションがうまくいっていると答えたのは45％ほどにすぎない。そして、大学外の日常生活でもほぼ50％の外国人学生が社会に溶け込めていない。

就職活動もすんなりとはいっていない。卒業生の半数以上がドイツで仕事をしたいと考えているが、そのほぼ3分の1は1年以上にわたって就活中である。就活ビザを認めるなど在留資格を取りやすくしてはいるが、就活や労働ビザ取得にあたっての煩雑な手続き、支援体制の不備、企業側にある外国人への偏見などが影響して思うように職場が見つからない。大学に残るにしても、教員・研究者のうち外国人は10％弱にすぎない。教授職にいたっては5・6％である。この面で大学の国際化はまだ遅れている。その一方で、経済界は工学系を中心に優秀な人材が不足していると声高に訴え、高い能力を持つ移民の受け入れ緩和を求めている。政府も、技術革新力の維持と少子高齢化への対応のためにも、優秀な人材が必要だとしている。しかし現状はそれとはかけ離れている。

外国にいくドイツ人学生の数も増加の一途をたどっている。EU内の大学間交流促進プログラム（通称「エラスムス計画」）による留学、インターン実習、語学研修、夏期講習などで学生の3人に1人が外国体験をしている。さらに、ボローニャ・プロセスにより国外で取得した単位が認められるうえ、在学中の外国滞在を必須とする学科が増えたことでこの動きに拍車がかかっている。最近の傾向としては、留学が増加し、インターン実習や語学研修は減少している。政府はボローニャ・プロセスを通じて、外国留学する学生の割合を50％にまで高めようとしている。

外国留学するドイツ人学生の数は１９８０年に1万８０００人だったが、現在では12万人近くになっている。数からいえば、ドイツの学生は外国留学に関して世界でトップクラスだ。留学先としてはかつては英国と米国が中心だったが、今ではこの2か国に加えてスペイン、フランス、スイス、オーストリアも人気の留学先となっている。中でもオーストリアは言葉の問題がなく、ドイツで入学制限されている学科（医学部など）でもすんなり入れるので人気が高まっている。専攻別にみると、経済学、法学、社会学の学生に外国志向が強く、工学、自然科学、医学専攻の学生は国内にとどまる傾向を示している。

外国留学を阻んでいる要因は第一に経済的負担である。次の要因はボローニャ・プロセスの産物ともいえるものだ。新たにできた学士課程ではできるだけ早く卒業することを求められ、学生に対するプレッシャーは大きい。外国に行っていたら卒業が遅くなるのではとの不安を持つ学生が多い。さらには、外国の大学で習得した単位が自国で完全には認められていない現状がある。ボローニャプロセスの目玉のひとつなのだが、それが実現していない。外国で取得した単位の認定率はドイツでは70％に満たない。総合大学に限っていえばこの数字はもっと低い。硬直化した大学組織、複雑化した勉学課程に原因がある。この分野ではまだまだ改善の余地がある。

6. ドイツ人の働き方

ドイツ人は勤勉なのか

ドイツでは90%の人が勤勉、秩序好き、信頼性をドイツ人の美徳と考えている。ドイツ人自身だけでなく、外国の人たちもドイツ人は勤勉だと見ている。このイメージの背景には、19世紀後半、英仏に遅れて産業革命を迎えた後進国ドイツが瞬く間に産業を発展させ、ヨーロッパの先進国に追いつき追い越したこと、さらに第二次世界大戦後廃墟の中から立ち上がり、経済の奇跡を成し遂げ、世界の経済大国へと駆け上がったことがあるようだ。これらはドイツ人の勤勉なくしては考えられない。加えて、マイスター制度にみられるモノづくりの伝統の中から生み出された高品質の製品、自動車・機械・家電製品などはドイツ人の勤勉さの裏付けともなった。

その一方で、ドイツに暮らす外国人の中には、外から見たイメージと実際に体験したドイツとのギャップを指摘する人たちがいる。ドイツに来る前は勤勉で時間を守る几帳面な国民というイメージを抱いていたが、働き始めてみるとそのイメージが裏切られてしまったというのだ。ドイツ人たちはただ規則通りに仕事をこなしているだけで、ちょっと仕事がきつくなるとすぐに医者の診断書を盾に休んでしまうなど、労働者の権利を最大限に利用することしか考えていないと口々に不満を述べている。農業分野のドイツ人事業主には、ドイツ人はもう雇わないとまで言い切る人もいる。

では、ドイツ人は本当に勤勉なのだろうか。労働時間を見てみると、ドイツでは週の所定労働時間が平均37・7時間である。これは労使交渉により取り決めたものだ。1970年代は約40時間であったのが、時短が進んで90年代半ばには平均して37時間台に減少した。特に金属産業などでは週35時間にまで短縮された。その後、2004年になって国と州の公務員の週労働時間が40時間に戻ったのをはじめ、全体に労働時間は長くなってきている。残業を含めて実際に働いている時間はフルタイム労働者で43・5時間となっている。これはEU諸国の中ではトップ水準にあり、英国がこれに近い。フランス、イタリアなどは38時間台である。所定労働時間と実際の労働時間との差が残業となる。ドイツでの残業時間数は「年間」50時間から60時間で、その半分が賃金の支払われない残業である。ドイツ人はヨーロッパの中では働き者といえる。それでも、フルタイム労働者とパートタイム労働者を含めた年間実労働時間がドイツでは平均1400時間を割っているのに対し、日本では1700時間を超えているのである。

ドイツ人の生涯労働時間は38・4年となっている。EU加盟国の平均が35・9年であるから長いほうである。一番長いのは47年間のアイスランドだ。イタリアは31・6年しかない。なお、この統計には失業や就活の期間も含まれている。ドイツでは生涯労働時間が年々長くなる傾向にあるが、平均寿命の延びと女性就労の拡大に原因がある。女性の生涯労働時間はこの10年間で3年長くなっている。ドイツはかつて、ヨーロッパの中で職業生活に入るのが最も遅く、引退するのが最も早い国とされていた。これに歯止めをかけるべく2000年以降さまざまな改革が実施された。大学改革を断行し、早期に大学を卒業できるようにした。その一方で、年金の早期受給制度を見直して実際の年金受給開始年齢を法定年齢の65歳に近づけ、加えて法定年齢を2031年までに67歳に引き上げることとした。こうした努力も生涯労働時間の拡大につながっている。

注目すべきもうひとつの点に労働生産性がある。ドイツの労働者の生産性はルクセンブルク、ノルウェー、オランダ、米国、ベルギー、フランスよりも低くなっている。日本はＯＥＣＤ加盟国の平均値を下回っている。ドイツ人の労働生産性は1時間当たり36・80ユーロであるのに対し、ドイツより労働時間が短いフランスでは42・60ユーロ、オランダでは47・30ユーロである。ドイツ人は効率よく仕事をしていないことになる。この数字はドイツでは驚きをもって受け止められている。

労働時間から見れば、ドイツ人はヨーロッパの中ではよく働く国民だ。その一方で、休暇はしっかりとっていて、ヨーロッパ人の中では一番長く休んでいる。ドイツでの有給休暇日数は30労働日が一般的で、ほぼ完全に消化されている。有給休暇と祝日を合わせた日数がドイツでは平均37日なのに対し、フランスは33日、イタリアは35日である。これに比べ日本人は、効率性はさておきドイツ人よりも長く働き、休暇といえるほどの長期間の休みはとっていない。ドイツ人は勤勉というより、働く時はしっかり働き、休む時はしっかり休むというように、オフとオンのメリハリをつけて働いているといえる。

労働組合の存在感

ドイツでは労働組合が強い影響力を持ち、労働条件の改善のために運動を展開し、さまざまな成果を挙げてきた。労働時間短縮もその大きな成果のひとつである。日本の「連合」にあたるＤＧＢ（ドイツ労働総同盟）には外国人も含めた600万人弱が加盟している。会社ごとに組織されている日本の労働組合と異なり、ドイツでは会社横断的に職種（業種）ごとに組織されている。DGBは特定の政党に偏らない、政治的中立を原則としているが、実際はドイツ社会民主党（SPD）支持者が多数を占めている。ただし、保守系の議員や大臣の中にも労働組合員が何人もいる。

労働組合の役割は働く人の権利を守り、労働条件を改善していくことにあるが、そのなかでも企業側と交渉して賃上げと労働時間短縮を実現することが中心となっている。これについてはドイツの労組は成果を上げてきた。賃金は着実に上がってきており、最近でも毎年2・5%前後上昇している。労働時間短縮もめざましく、現在では所定週労働時間が35時間の業種を筆頭に、平均で37・7時間にまでなっている。

しかし、以前に比べて労組の影響力は落ちてきている。ドイツ再統一直後DGBは組合員数1180万人を誇ったが、その後は減り続けて600万人を割ってしまった。また、労組は企業連合体と交渉して、同一業種全体に適用される賃上げや労働時間などを定めた労使協約を結ぶのだが、この協約に参加する企業が減り続け、今では全企業の25%にまで落ち込んだ。労使協約の恩恵を受ける労働者は西部ドイツで57%、東部ドイツで44%でしかない。

さらに、労組には苦い経験がある。2002年に労働市場の改革が行われ、派遣労働やミニジョブなど非正規雇用の拡大につながった。この改革を断行したのはDGBが支持する社民党の政権だったが、労組は組織内の問題を抱えていて、労働市場改革をさしたる抵抗もなく許してしまったのである。これには労組自体の成り立ちも関係している。労働組合はもともとフルタイム労働者の組織で、その待遇改善に努力してきた。そのため、外国人労働者や非正規労働者を労組に取り込むのが遅れ、この人たちの問題に正面から向き合ってこなかった。労組の組織率が下がってきているのも、増大を続ける非正規労働者の組織化ができていないことの表れでもある。

女性の社会進出はいまだ道半ば

ドイツでは早くから法制面での男女平等に取り組んでいる。今日では社会においても夫婦間においても、法律上女性を差別し、女性に特定の役目を負わせようとすることはない。1980年に職場における男女同権が法律によって確立された。「同一労働、同一賃金」をモットーに、同じ仕事をする場合、性別や国籍によって賃金を差別してはならないと定められている。このほかにも女性の管理職登用、職場での女性差別・セクハラ防止などが法律によって定められている。2018年には、女性の政治的自由と平等のために戦う日とされる「国際女性デー」の3月8日がベルリン州の祝日に制定された。女性の権利に関する啓発の意味もあるが、同時にベルリンは他の州より祝日が少なかったので1日増やしたのである。

女性の社会進出は日本より目覚しいものがある。女子大学生の割合は最初の女子学生が誕生した1908年以来増え続け、現在では大学の在学生と卒業生ともにほぼ半分が女性だ。結婚して子育てをしながら勉学を続ける女子学生や熟年女性の大学生も珍しくはない。そして女性の75％以上が働いている。これに対し男性は83％強。他の国と比較すると、女性就業率はスウェーデン80％、リトアニア76％、イタリア53％となっている。ドイツでは就労者の約27％がパートタイム（短時間労働）で働いていて、そのうち82％が女性である。それでも、自分の収入で自活できている女性は増加しており、25歳～54歳では72％、55歳～64歳では57％いる。特に後者の年齢層では10年前に比べて20ポイント以上増加しているのである。

しかし、女性をめぐる状況が男性とまったく同じというわけではない。女性のほうが職が見つけにくく、解雇の対象になりやすく、離職・失業後の再就職も難しい。「同一労働、同一賃金」の掛け声も現実は少々違っているようだ。労組幹部によれば、同じ仕事であっても、採用時に男性のほうが女性よりも高い給与クラスに入れられたり、手当が厚くなっていたりすることがあるという。女性は一般に、賃金の低い職業に就き、パートで働くことが多く、なおかつ育児や介護などで職業生活を中断することが多いため、受け取る年金が少なくなる。高齢者の貧困が社会問題となっているが、これは同時に女性の問題でもある。

実際、今なお賃金が男性より低い。男女賃金格差、いわゆるジェンダーギャップは21％で、1995年以来ほとんど変化していない。この数字は学歴、年齢、職歴、役職などをまったく考慮しない単純比較である。これらの要素を考慮して比較すると、女性のほうが男性より4・5％少ないことになる。男女格差は給与水準が高くなるほど広がっていく。年収3万ユーロ（約390万円）から3万5000ユーロクラスでは格差は1・4%にすぎないが、5万5000ユーロから6万6000ユーロクラスでは7・6%に広がっている。女性の労働条件（賃金格差、雇用機会、雇用の安定性など）の国際比較ではドイツは18位に甘んじている。最もいいのはアイスランド、さらにスカンジナビア諸国がトップ10に入っている。

女性の状況にも東西格差がある。他の分野と違ってここでは東高西低である。女性の就業率は再統一当時旧東ドイツで約84%、旧西ドイツで約65%であった。その後は旧東ドイツで下降し、旧西ドイツで上昇したことで差が縮まってきている。男女の賃金格差は西部ドイツで22%であるのに対し、東部ドイツではこれが7%でしかない。社会進出においても東部ドイツの女性の活躍は西部ドイツの女性よりも目覚しい。これには統一前の社会状況が関係している。旧東ドイツでは社会主義政権のもと、「働く母親」像を前面に押し出して女性の就業を促進した。保育所などを充実させて女性が働きやすくする一方で、職場での男女格差をなくした。夫婦間でも平等が確立していて、経済的に自立している女性が多かった。その余波なのか離婚率も高かった。これに対して、旧西ドイツでは女性は育児と家事、男性は外で働き家計を支えるという保守的夫婦像が健在だったのである。現在でも料理や家事はおもに女性が担っている。料理・家事をするのは男性の29%で、女性は72%となっている。家事をしない人たちはたいてい低料金の家事代行を利用している。英国では男性の49%、女性の85%、イタリアでは男性の20%、女性の81%が料理や家事をしている。

戦後、女性は政界にも活動分野を広げている。下院にあたる連邦議会における女性議員の割合は、

1980年には9%に過ぎなかったが、今では31・3%に達している。ちなみに日本の衆議院では女性議員は10・2%に過ぎない。ドイツで女性議員が多いのは、80年代に始まる各政党の女性比率確保の取り組みによるものである。まず先陣を切ったのが緑の党で、1986年に党役員などの主要ポスト、党所属議員の最低50%を女性とすることを決めた。続いて社民党が88年に女性の割合を最低40%とした。保守系の政党は動きが鈍く、1996年にキリスト教民主同盟(CDU)が最低3分の1を女性とするようにとの勧告をまとめた。CDUの姉妹政党キリスト教社会同盟(CSU)は40%と定めているが、自由民主党(FDP)では議論が始まったばかりだ。政党別女性国会議員の割合は、緑の党58%、左派党54%、社民党42%、自民党24%、同盟(CDU・CSU)20%、「ドイツのための選択肢」(AfD)11%となっている。

1961年に戦後初の女性大臣が誕生し、1998年発足の社民党・緑の党連立政権で女性閣僚が過去最多の6人となって以来、現在も6人の女性大臣がいる。メルケル首相を加えれば内閣の44%が女性である。キリスト教民主同盟のメルケル首相は2005年に女性として初めて連邦首相に就任し、4期目に入っている。これに関連してメルケル首相がおもしろいエピソードを紹介している。ある男の子から「男性でも首相になれるのか」と質問されたそうだ。その子にしてみれば、自分が生まれてからずっと女性の首相しか見たことがないのである。これまでに連邦議会議長と連邦憲法裁判所長官を女性が務めたことがあるが、女性の連邦大統領はまだいない。州レベルでは女性の州首相が何人かでてはいるものの、地方自治体の議会における女性議員の数はまだまだ少ない。

経済界を見ると、ドイツ上場企業主要30社で女性取締役は28人しかいない。そのうち5社で複数の女性役員がいる。女性取締役の数は増加しているとはいえ、主要30社における占有率は14・5%止まりだ。管理職全体を見ると、女性の占有率はわずかに増えただけで、22・5%となっている。なお、日本では女性管理職が12%で、G7の中で最下位となっている。

育児と年金

育児に専念するため、仕事を中断したり、労働時間を短縮したりすると経済的に厳しい状況になるが、その収入の落ち込みを少しでもカバーするためにできたのが育児手当の制度である。育児手当は1986年に導入され、のちに両親手当へと名称を変えた。これを受け取ることのできるのは、ドイツ国内に在住し、育児に専念する母親か父親のいずれかである。外国人も受け取ることができる。受け取る期間は最長で子どもが生後14か月になるまでで、受け取り額は手取り給与の不足分の65%から100%である。ただし、その額は最低月300ユーロ（約3万9000円）、最高で月1800ユーロとなっている。仕事をしていなかった人、たとえば学生や主婦・主夫ももらうことができ、その額は月300ユーロである。さらに望めば、「両親手当プラス」に切り替えることもできる。これは受給期間が両親手当の倍になるが、受給額は半分になるものだ。

育児休暇は、母性保護期間（産後8週間）終了後に育児に専念するために、父親か母親のいずれかが取得できる休暇制度として1986年から実施されているが、その後改正されて一定期間なら両親が同時に取得できるようになった。双方とも仕事を持っていることが条件となるが、どちらかが失業中の場合でも認められる。休暇期間は最長で3年間であり、会社が同意すれば延長も可能である。また、このうち12か月分を移動させて、子どもが3歳から8歳の期間にとることもできる。無期雇用の場合、休暇中は解雇保護期間となり、職場を失うことはない。休暇終了後は休暇前の働き方に復帰する権利がある。この休暇は無給であるが、両親手当と児童手当が受けられるので収入の目減りはある程度おぎなえる。

同じ1986年に、育児手当・育児休暇とともに、育児期間を年金加入期間として算入する制度が導入された。子どもを育てる家庭の負担を軽くし、育児を評価するために設けたとされているが、少子化対策も兼ね備えている。育児のほかに、介護期間も介護保険導入にともなって年金を含む社会保険加入期間として認められることになった。育児や介護はドイツでもおもに女性が担っているので、女性に対する社会保障の強化へとつながった。ドイツ人の考え方では、「労働」には通常の仕事だけでなく、子どもを産み、育てること、家族を介護することも含まれる。そのため、社会保険で育児と介護を労働と認め、保険料を徴収することなく正規の加入期間として計算している。

この制度は現在「母親年金」と呼ばれ、通常の老齢年金に加算されて支払われている。その名称にもかかわらず、父親でも受け取ることができる。子どもとドイツ国内で一緒に暮らし、育てたことが条件であるが、フルタイムで育児をしていなくてもよい。夫婦共同で育児をした場合、この育児加算を将来どちらが受け取るか決めておかなくてはならない。育てた子ども１人につき、年金保険に３年間加入していたとみなされる。年金保険加入１年あたり西部ドイツでは月額約32ユーロ（約４２００円）、東部ドイツで月額約30・７ユーロ加算される。

軍隊での男女平等を求めて

ドイツの基本法（憲法）では、女性保護の観点から、「（女性は）いかなる場合にも武器を扱う任務に従事してはならない」と定められていた。このため、連邦国防軍に女性隊員はいるものの、任務は医療や音楽隊などに限られていた。しかし、装備品修理をする兵士として入隊を希望したのに採用を拒否されたとして、１９９６年に１人の女性が男女平等の取り扱いを求めて欧州司法裁判所に訴えを起こした。裁判所は２０００年に、ＥＵの男女平等の原則はドイツ連邦国防軍にも適用されるとの判断を下した。

この判決を受けてドイツは同じ年の10月に憲法を改正し、戦闘行為に参加できる女性兵士を採用することになった。これにあわせて、兵舎などの軍の施設や軍艦で女性用の居室やトイレを作るなどの改修が行われた。憲法改正後、若い女性２５００人が軍隊に応募し、合格した第１陣２４４人が２００１年１月に入隊したのだった。

そして、1957年以来実施されてきた徴兵制が2011年に停止され、連邦国防軍は志願制の軍隊へと移行した。そのため、人員を確保するうえで女性兵士の比重が高まってきている。連邦国防軍における女性の割合は2000年の1・4%から12・1%へと飛躍的に上昇した。現在では2万人を超える女性兵士がおり、実に8人に1人が女性だ。

定時退社は常識

ドイツの通勤風景は日本とは異なっている。日本では「痛勤」といわれるくらい、ラッシュ時の電車の込み具合は尋常ではないが、ドイツはそれほどでもない。通勤時の交通手段としては、約60%の人が自家用車、約30%が公共交通機関を利用している。通勤距離は52%が片道10㎞以内で、10㎞から24㎞が28%となっている。片道の通勤時間は44%が30分以内、35%が30分から1時間で、2時間以上の人は5%。通勤時間、通勤距離とも年々長くなる傾向にある。大都市圏での住宅価格や家賃の高騰がこの傾向に拍車をかけている。

通勤手段として車が圧倒的に多いのは、車を愛してやまない国民性のほか、アウトバーンが発達していてしかも無料であること、都市と郊外を結ぶ公共交通網が密でなく、通勤時間帯の運行間隔が間延びしているうえ、時間に正確でないこと、日本の都市圏のように乗り継ぎの連携がうまく機能していないことなどが理由として挙げられる。ただ、車通勤の人が多いから、朝夕のラッシュ時にはアウトバーンも含めて道路は渋滞し、長い間車に閉じ込められてしまうことになる。

ドイツの朝は早い。たいていの職場は朝8時から仕事を始める。なかには7時30分に始まるところさえある。だから、冬などは真っ暗なうちから起き出して出勤し、オフィスでは明かりをつけて仕事をしている。ドイツ人に言わせると、朝早く仕事を始めればそれだけ終業後の自由時間が長くなるということである。プライベートな時間を大切にするドイツ人ならではだ。

出勤時間と同様、退社の時間もきっちりしている。出勤時間とともに仕事を始め、退社時間までに仕事を片付け終え、家路を急ぐ。いつまでもダラダラと会議をしていることもない。終業時間と同時に皆さっと職場から消える。それはまったく見事としか言いようがない。終業時間とは職場を出る時間であり、時間どおりに出られるように15分ほど前から片づけを始め、身支度を整えて時間のくるのを待つのだ、と考えている節がある。そして、終業時間になったら皆そそくさと職場を出ていく。しかしドイツ人も残業はする。1年間で平均50時間から60時間残業をしている。

ただ、幹部管理職の様子は少し違う。終業時間を過ぎてもオフィスに残って仕事をしたり、休みの日にも仕事を片づけたり、出張に行ったりする。その時でも秘書や部下に残業を付き合わせることはあまりしない。他の者が定刻通り帰ってしまった寂しいオフィスで、1人黙々と仕事に励む管理職がいる。しかし、彼らはこれを残業としてやっているのではない。サービス残業に似ていなくもないが、自分の業績のため、ひいては出世のために自ら進んでやっている。

ドイツのオフィスでは伝統的に個室で仕事をしている。ポストによって部屋の大小はあるものの、全員が自分の部屋をもらって仕事をする。もちろん、大部屋で何人もが一緒に仕事をすることがないわけではない。そのせいか、同僚との付き合い方は日本と比べれば非常に淡白である。日本人は会社の外でも同僚や上司と付き合いがあったり、職場や取引先に関連した冠婚葬祭に出席したりする。1日の仕事を終えて同僚や上司と飲みに行くことなど、ドイツ人には想像できない。退社時間になり会社を一歩でも出れば、その時からプライベートの時間が始まる。会社や会社に関わる人とはまったく関係のない時間である。自分の好きなことをしたり、家族や隣人や友人たちと過ごしたりする時間なのだ。

だが、モバイル時代になってなかなかそうはいかなくなっている。帰宅してもメールや携帯電話でつながっており、休日や休暇先でもメールをチェックして返信しなくてはならないのが現実だ。2人に1人が終業後も仕事メールをチェックし、3人に1人が休暇中に1回以上仕事メールを見ている。そして3人に1人が、平日の自由時間や週末が仕事関連のメールで邪魔されているとし、常時会社とつながっていることに負担を感じている。そこで大企業の中には、平日の終業後、週末、休暇中にメールを送らないとか、休暇中の受信メールは削除してもよいなど、「つながっていない権利」を認めているところもある。

休暇のために働く？

ドイツでは年間有給休暇日数はほぼ30労働日ある。これに土日を加えると合計6週間休むことができる。そしてドイツ人はこの有給休暇をほとんど消化する。ただ、職場での地位が高くなるほど残業が増え、休暇の消化率が悪くなる傾向にある。さらに、若者の休暇取得率も下がってきている。全労働者の3分の1が休暇を完全には消化しておらず、未消化日数は1人当たり平均3日へと上昇している。

ドイツでは休暇は1週間以上まとめてとることが慣例となっている。日本で長期の休みといえばゴールデンウィーク、お盆、年末年始であるが、これは職場全体が休む「休業日」であり、ドイツの長期休暇とは違う。休暇とは個人的なものであり、働いている人自身が休みたい期間を決めて取るものなのである。

年末になると、ドイツでは会社が従業員に翌年の休暇取得予定を提出させる。これには真剣で合理的な理由がある。長期休暇（3週間以上連続して）を取るのが普通であるから、同じ時期にみんな一斉に休みを取ったら業務に支障がでる。そこで、休暇の時期を調整できるように、年末頃に翌年の休暇の予定を申告させている。これは働いているほうにも好都合である。休暇のハイシーズンである夏には交通機関やホテルなどが込み合うので、早めに予約しておかなくてはならない。計画好きが多いドイツでは、事前に休暇取得時期がわかっていれば、滞りなく休暇の準備を始められるのだ。実際、旅行会社を通じての予約のうち50％弱が5か月以上も前に行われている。平均すると、旅行会社での予約は109日前、オンライン予約では83日前となっている。

この長期休暇を支えている制度として休暇代理人というものがある。これは、ある人が休暇でいない間、同じ職場の別の人が仕事を代理することである。この制度があれば、休暇で不在の人がいても、仕事の継続性や職場の機能がある程度維持できる。サラリーマンだけでなく、開業医、弁護士、薬剤師、税理士などほとんどすべての職業で、基本的にみな自分の休暇代理人を持っている。休暇を大切にし、それを長期にしっかりと取るというドイツ人の考え方がよく表れている。ただ、代理の人は自分の仕事に加えて他人の仕事までしなくてはならないので、仕事がいつも通り行われているとはいえない。長期休暇は夏に集中するので、休暇の代理がうまく機能せず、代理をしている人まで休暇に入ってしまうことがある。いずれにしろ、7月と8月は長期休暇の季節として社会全体の活動量も少なくなっているから、あまり問題にならないらしい。

長期休暇《ウアラウプ》はドイツ人にとって重要な年中行事である。子どもの学校が休みになる夏に取ることが多い。この時期にはバカンスに出かける車がアウトバーンに殺到するので、少しでも混雑を緩和するために、学校の夏休みの時期が州ごとに1週間ずつずれている。それでもアウトバーンは渋滞になる。それに、休暇から帰ってくる車の列と休暇に向かう車の列とで、アウトバーンの両車線で渋滞が起きることがある。

ドイツ人にとって夢の休暇先はカリブ海、オーストラリア、米国である。実際には、移動距離や財布の中身の関係で、3分の1が国内で休暇を過ごす。北海やバルト海の海岸、バイエルン・アルプスの人気が高い。さらに3分の1はスペイン、イタリア、ギリシャ、トルコといった地中海沿岸諸国に行く。最近では物価の安い東ヨーロッパのリゾート地の人気も高まっている。

その中でも、地中海に浮かぶマジョルカ島はドイツ人観光客が最も訪れる場所だ。夏になると安価なパック旅行を利用して、チャーター便で大挙して押しかけていく。ここにはドイツの新聞・雑誌、ドイツレストランもあり、すべてドイツ語で用が足せる。ただ、旅の恥はかき捨てとばかりに、国内では考えられないような乱痴気騒ぎを繰り返して、地元の人たちの顰蹙《ひんしゅく》を買うことがよくある。また、南国の気候と安い物価に誘われて、この楽園のような島に永住するドイツ人も少なくない。マジョルカ島は日本人にとってのハワイとよく似ている。

ドイツ人の旅行の仕方は日本人とかなり異なっている。休暇旅行では心身の休息を第一に考え、1か所に腰を落ち着けてのんびりと1日を過ごす。そして、休暇先で無駄なお金を使わなくていいように、たくさんの荷物を抱えて旅行に出る。5日以上の休暇旅行をする人のうち、50％近くが自家用車またはキャンピングカーで移動している。35％が飛行機、9％がバス、6％が鉄道である。ドイツ人は旅先でも倹約家だ。それでよく、「ドイツ人旅行者は何週間もいるのに、家から持ってきた缶詰食品を食べてばかりで、買い物もせず、地元にちっとも金を落とさない」などと皮肉を言われる。ドイツ人が旅行先で重視するのは第一に清潔さであり、71％の人がこれは譲れないとしている。おいしい地元料理をあげたのは41％で、天気はあまり重視されていない（15％）。実際、ドイツでは安いホテルでも清潔なところが多い。清潔さは勤勉に通じるところがある。

長期休暇では気ぜわしい職場から離れてリラックスするのが目的であるが、最近ではそれも難しくなっている。メールや携帯電話などで会社とつながっている人が増えたからだ。夏の休暇中、3分の2の人が仕事関連で連絡が取れる状態にある。だが、休暇を邪魔するのは上司ではなく、たいていは同僚だという。休暇中に受け取った仕事メールの61％が同僚からの問い合わせであり、上司からは23％しかなかった。すでに述べたような休暇中の代理である同僚からの連絡が大半だと思われる。さらに、40％の人が同行者が仕事メールをチェックしていたので休暇の気分がそがれたとしている。だが、国際的にみると少し様相が違ってくる。アンケートによれば、休暇中には仕事メールをチェックしないと答えた人はドイツで68％いて、第1位になっている。バカンスの国フランスと米国ではともに52％、日本は31％で10位だった。

待ちわびる定年

ドイツでは年金受給開始時が定年とみなされている。受給開始年齢は２０１２年時点で65歳であったが、以後段階的に引き上げられていて、２０３１年から67歳で受給開始となる。ちなみに、ドイツには日本のような退職金制度はない。

それでも、できるだけ早く退職して「夢にまで見た老後」に入りたいと考える人が少なくなく、さまざまな特例措置を利用して定年前に退職しようとする。実際の退職年齢の推移を見ると、１９９６年には50％の人が60歳で退職しており、２０００年には平均62歳で年金生活に入っていた。２

000年以降は政府が大胆な改革を実施して特例措置を廃止し、さらには景気回復なども手伝っていわゆるリストラが減り、退職年齢が上昇に転じた結果、2013年からは64歳台となっている。

ドイツ人が年金生活をいかに待ち望んでいるかはアンケートに如実に表れている。定年を待たずに早期退職して年金生活に入りたいとした人は60%にのぼり、定年まで働くとした人は30%しかいない。また、受給開始年齢が67歳に繰り上げられる措置については回答者の64%が反対し、賛成は32%であった。さらに、ある研究所の調査では、老後を楽しみに待っている人が26%、ある程度楽しみにしているのが18%に達したのに対し、否定的な答えをした人は14%であった。

一定の条件のもと63歳から減額なしで年金受給が可能になる措置が2014年から実施され、年々申請数が増加しているが、この措置導入の議論のさなかに実施されたアンケート調査では、53%の人が年金額が減額されるようになったとしてもこの措置に賛成すると答えている。学歴や収入に関係なく、すべての階層で高い数値を示したが、年金が多くない低学歴・低所得層では賛成が63%にものぼった。高学歴・高所得層では47%にとどまっている。そして、一般に年金額が低い女性にあっては57%が賛成で、男性の49%を上回っている。賛否の違いがはっきり表れたのは年齢層である。18歳から29歳では46%が定年まで働くとし、63歳で退職したいと答えたのは30%だった。反対に、45歳から59歳の年齢層では3分の2が早期退職制度に賛成している。

年金生活を待ち焦がれるドイツ人の心の中には、労働に対する基本的な考え方が表れているような気もする。ドイツ語で労働は「Arbeit」（アルバイト）という。日本語の「アルバイト」はもともとこの言葉から来たものであるが、ドイツでは労働一般を意味し、臨時的でパートタイムのような仕事だけをさしているのではない。

この「Arbeit」は本来「苦労、労苦」という意味であった。その背景には旧約聖書の失楽園の物語がある。人類の祖先であるアダムとイブは楽園で何不自由ない暮らしをしていた。働かなくても、食べ物は手を伸ばせばすぐに手に入った。しかしある時、禁断の木の実を食べたばかりに、楽園を追われて地上にやってきた。ここでは農作業をしたりして働かないことには、食べるものも着るものも手に入らない。人類の祖先が楽園で罪を犯したので、人間は生きるために地上で生涯にわたってつらい仕事をする罰を受けているというのである。

このように否定的な面が強調されていた「Arbeit」に、より肯定的な意味あいを与えたのが16世紀の宗教改革者ルターである。ルターは、労働または職業は神が人間に与えた使命であり、働くことは神の意思を実現することであると説いた。そこで、人々は一生懸命に働いて財産をつくるのは神に祝福されることだと考え始めた。勤勉が美徳になったのである。

ドイツ人が勤勉な理由のひとつはこんなところにあるかもしれない。しかし同時に、肯定的な意味になる前の「Arbeit」のイメージもまだ心の奥底で引きずっているようで、年金がもらえるようになるとさっさと仕事をやめて年金生活に入る。あくせく働くこともなく、職場のストレスもない「楽園のような」年金生活を待ち望む人が圧倒的に多い。老後の生活が経済的にもバラ色だというわけではないのに、「退職して自由な生活を得る」ことがドイツ人の心の中にはまるで強迫観念のようにある。

7．環境が大切

森林破壊が環境保護運動の原点

ドイツでは環境保護や自然保護に対する関心が他のヨーロッパ諸国よりも強い。環境保護を旗印とした政党「緑の党」が世界に先駆けて結成された。政党に限らず、一般市民の環境への意識も高い。食品の安全性、森林破壊、河川の水質などに関して一般市民が活発な活動を展開し、環境保護のため生活様式を改めようとする人もいる。ゴミの減量化、分別ゴミの回収やリサイクルにも積極的に取り組み、買い物の際にはカゴや袋を持参する。万事に倹約を旨とするドイツ人にとっては、金銭面でも環境保護の面でも有料のレジ袋はムダなものである。

農業分野では環境への配慮を優先し、化学肥料や農薬の使用を極力ひかえた自然農法が広がりを見せている。現在、農耕地の6・5％で有機農業が行われている。政府はこれを20％にまで引き上げる目標を掲げてはいるが、その道のりはまだ遠い。有機農法で生産された自然食品は専門店の自然食品店だけでなく、一般のスーパーマーケットでも扱われているが、その広がりは鈍いようだ。自然食品のほうが通常のものより割高なせいもある。通常の食品と自然食品のどちらを買うかという質問に、自然食品のほうを多く買うと答えた人は14％しかいなかった。50％が通常の食品を多く買うとし、21％は自然食品をまったく買わないと答えている。

最近、環境保護運動の原動力である若者世代（14歳～25歳）の環境への関心が薄れてきているという。よりよい生活を送るには環境や自然が必要だと考える人の割合が若者世代で21％にすぎず、全世代平均の30％を下回っている。その一方で、若者の生活スタイル自体が環境に配慮したものになっている。彼らの移動手段は自転車、電車、バス、徒歩が中心で、自動車は上の世代ほど重要ではなくなっている。大都市では車を所有する若者が減少しており、レンタカー、カーシェアリング、ガソリン代を分担して同乗する相乗りなどが広がりをみせている。若者世代にあっては、環境保護をことさらに強調するまでもなく、すでに半ば当然のこととして生活に根づいているようだ。

ドイツ人に環境意識を呼び起こしたのは、1980年代に巻き起こった「森林破壊」をめぐる騒ぎである。事の発端は1981年にある大学教授が発表した予測だ。5年以内に森林地帯の死滅が始まり、もはや救う手立てはないと警鐘を鳴らした。これを受けてマスコミでは、この世の終わりであるかのようなセンセーショナルな報道が行われたりした。心の原風景ともいうべき森が瀕死状態にあると報じられると、「森を救え」と叫ぶデモが各地で発生した。こうして森林破壊が環境問題の象徴的存在となったのである。この騒ぎを背景に緑の党が国会に議席を獲得し、のちに連立政権を樹立するまでになった。

森林破壊をめぐる騒動の当時、ドイツの森の約65％が病気にかかっていて、そのうち30％以上が酸性雨などによる深刻な被害を受けており、正常な樹木は30％弱しかないとされた。酸性雨は自動車の排ガスや工場の排煙として排出された汚染物質を含んだ雨で、地面に吸収されて土壌を酸性にし、樹木の根を枯らしてしまう。酸性雨による被害はドイツの代表的な森林地帯であるシュヴァルツヴァルト（黒い森）をはじめとする各地の森林地帯、さらにアルプスの森林など広範囲におよんでいた。この森林破壊の現象をドイツ語で「ヴァルトシュテルベン（Waldsterben）」（森の死）という。世界に先駆けてドイツ人がこの現象に着目し、その対策を積極的に進めてきた。これを機に世界でも関心が高まり、このドイツ語の言葉は英語やフランス語にそのまま取り入れられるまでになった。

しかし、恐れていた大規模な森林破壊は起きなかった。１９９３年には、この騒動の発端となった大学教授も加わった政府の専門家協議会が、森林破壊はもはや恐れる必要はないとの結論を下した。これには政府が実施した環境対策が大きく貢献している。火力発電所など大量に排煙を放出する施設に濾過システムを義務づけ、ヘリコプターで大量の石灰を森に散布して土壌の酸性化を阻止した。また、車の排ガス規制、触媒式浄化装置の義務化、無鉛ガソリンの導入も実施された。そのかいあって酸性雨の原因となる二酸化硫黄の大気中濃度が激減したのである。

酸性雨による森林破壊の危機は去ったが、いま別のものが木々を脅かしている。それは気候変動である。猛烈な暴風雨、深刻な干ばつ、熱波がたびたび発生し、森を痛め続けている。さらに、気候が温暖になったことで病虫害の発生が頻繁に起きるようになった。気候変動や病虫害に対しては針葉樹と広葉樹が混在する混合林がよいとされ、中でもオークやモミは気候変動に強い木とされるが、これらの木は一方でシカなどの食害にあいやすい。

環境保護政党「緑の党」

環境保護政党「緑の党」が結成されたのは1980年のことである。当時、市民運動や環境保護団体などが反核、反原発、平和、環境保護、女性解放などを旗印に結集したのだった。当初は既成政党を強く批判する集団だったが、ドイツ再統一後、旧東ドイツの市民運動から発展した「同盟90」と合併し、「同盟90・緑の党」に党名を変えた。

森林破壊をめぐる議論が追い風となって、1983年の総選挙で国会に議席を得たのを皮切りに、1985年にヘッセン州で連立政権の一翼を担い、ついには1998年から2005年にかけて社民党（SPD）と連立を組んで国政レベルで政権の座についたのだった。政権政党となってからは結党以来の主張である反原発を貫徹し、とうとうドイツ政府は脱原発を決定したのである。

その後政権を離れ野党に甘んじているが、州レベルでは10以上の州で連立政権の一員となっている。特に南西部のバーデン・ヴュルテンベルク州では福島の原発事故直後に行われた選挙で第1党となり、緑の党から初の州首相が誕生した。ドイツでは上院にあたる連邦参議院は各州政府の代表で構成されているので、緑の党の国政への影響力はしっかり保たれている。

同盟90・緑の党は公務員や学識経験者など高学歴層で支持が高い。国民政党を目指しているのだが、旧東ドイツ地域での得票率は低い。この地域での活動にあまり力を入れてこなかったことが要因だ。従来までの連立相手は社民党であったが、最近では保守系のキリスト教民主同盟（CDU）と連立を組んでいる州もあり、政権担当能力をアピールしている。そして社民党の凋落もあって、現在各種世論調査で社民党をおさえて第2党につけている。

原発廃止へ背中を押したのはフクシマ

1998年に発足した社民党・緑の党連立政権と電力業界との交渉の結果、原発を完全に廃止する合意が2000年に成立した。これにより、新たな原発の建設・操業は認められず、稼動中の原発については1基あたりの操業最長年数が32年とされ、操業開始から数えて32年を過ぎた原発から順次解体されることになった。しかし、2009年に成立したキリスト教民主・社会同盟（CDU・CSU）と自民党の連立政権はこれを見直し、操業開始年度に応じて総操業年数を8年ないし14年延長することを決めた。

だが、2011年3月の福島原発大事故を受けて、メルケル首相はこの稼働期間延長を取り下げ、当時一時的に停止していた原発8基を即座に閉鎖し、残る9基も2022年までに順次閉鎖することを決めた。それまでは脱原発をめぐって与野党間に意見の対立があったが、福島での事故を機に超党派の合意が成立したのだった。世論もこの決定を支持し、当時の世論調査では80％の人が脱原発に賛成した。福島原発事故の直後に行われたバーデン・ヴュルテンベルク州議会選挙の結果は、当時の雰囲気を如実に反映している。脱原発を主張する緑の党が第1党に躍進し、史上初めて緑の党出身の州首相が誕生した。

ドイツ人の行動を揶揄するものに「German Angst」（ジャーマン・アングスト）という表現がある。これは1980年代に米国でよく使われた言葉だ。「アングスト」とはもともとドイツ語で、「不安、恐怖」という意味である。ドイツ人が示す過度の不安心理やおびえを示す表現となっている。

1986年にウクライナで起きたチェルノブイリ原発事故の時、大量の放射性物質が広範囲に放出され、ドイツを含む西ヨーロッパにまでおよんだ。チェルノブイリから2000km近く離れたドイツでは大パニックとなった。オーストラリアや大西洋に浮かぶカナリア諸島行きの飛行機が予約でいっぱいになったり、生まれてくる子どもが障害児となるのを恐れて医者に中絶の相談に行く女性が現れたりした。ドイツ人のこうしたパニック行動が突出していたので、「ジャーマン・アングスト」というような表現が生まれたのだろう。

しかし、当時放出された放射性物質の量は半端ではなく、その痕跡は30年以上たった今でも残っている。事故当日の天候の関係で、チェルノブイリに近い旧東ドイツや北部ドイツよりも、大雨だった南部ドイツのほうが10倍も放射性物質で汚染された。バイエルン州ではキノコ、イノシシ、シカなどに今なお放射能が検出されている。特に放射能汚染が深刻だった地域では、野生のキノコや狩猟肉の消費はできれば控えるべきとされている。

「核」に対する漠然とした不安はドイツ人の心の中に常にくすぶっていた。それはおもに冷戦時代にドイツが置かれていた状況に起因するようだ。東西ドイツは東西両陣営の対立の最前線にあり、ひとたび核戦争が起これば東西ドイツがその戦場となるのは明らかだった。ドイツ人たちはそんな「核」への不安あるいは恐怖とともに暮らしていた。60年代後半に頂点に達した学生運動では反核・反原発を旗印にした平和運動が中心となり、核燃料の輸送を阻止するため体を張った実力行使さえ行われた。この運動が緑の党結成へとつながった。

漠然とした核への不安が現実のものとなったのがチェルノブイリ原発の大事故である。チェルノブイリ事故の年に環境・自然保護・原子炉安全省が設置されただけでなく、この年以降ドイツでは新たな原発は建設されていない。さらに、福島の事故の年には原発廃棄の日程を早め、再生可能エネルギーへの転換を加速させている。こうした核アレルギー、そして「ジャーマン・アングスト」とも呼ばれる核に対する鋭敏な反応は、国のエネルギー政策をも変えてしまうのである。優れた科学技術やその製品で世界をリードするドイツ人の心の中には、どこかに技術への過信、さらにはそこから生まれる人間の傲《おご》りに対する疑念があるようだ。科学技術を過信し思い上がれば、人間は必ず罰せられる、そのいい例が森林破壊や原発事故なのだと考える傾向がある。この科学技術に対する不信は、ドイツ人の心の奥底にある「純粋な自然」への傾倒、神秘的なもの、説明のつかないものに対し畏敬の念を抱くロマン主義的信条とつながっているのかもしれない。

再生可能エネルギーへの転換

脱原発にともなう代替エネルギーの確保という意味合いからだけでなく、温暖化対策の観点からも、ドイツは再生可能エネルギーの普及に積極的である。

1994年に基本法（憲法）の条文として「次世代のために自然環境を守る責任」が追加され、環境保護政策が憲法の中に位置付けられた。また、2000年には再生可能エネルギー法を制定して、再生可能エネルギーを使って家庭などで発電された電力の買い取りを電力業者に義務づけ、電力の種類ごとに設定した価格での買い取りを20年間保証した。電力業者が買い取る価格は市場価格より高めに設定されていて、その差額は電気料金に賦課金として上乗せされている。

この制度導入後新規企業の参入が相次いだが、特に安価なソーラーパネルを提供する中国企業の進出は目覚しく、価格が大幅に下落し、国内企業の経営破綻が相次いだ。その一方で、電力買い取り価格の下げ幅は小さく、発電パネルを設置して売電しようとする人にとって経済的メリットが拡大した。このような状況も相まって、再生可能エネルギーによる発電量が飛躍的に拡大した。

これに連動して、電力買い取り費用が増大して電気料金にはね返り、消費者の負担が増している。ドイツの電気料金はEU内でもデンマークに次いで高くなっていて、ブルガリアの3倍以上に達している。ドイツでは税金、賦課金などの徴収金が電気料金の半分以上を占めている。再生可能エネルギー買い取りに関連する賦課金の割合は電気料金の21％にものぼる。税金など徴収金が最も少ないのは英国で、電気料金の16％にすぎない。にもかかわらず、ドイツでは再生可能エネルギーへの転換はおおむね支持されており、ある程度の電気料金の値上げはよしとして受け入れる姿勢でいる。むしろ、国際競争力維持を理由に大量の電気を使う企業に対して負担軽減措置を行っているのは不公平だとして、反発が強まっている。

福島原発事故前の２０１０年時点で電力の23％が原子力、再生可能エネルギー（太陽光、風力、バイオマス、地熱、水力）は17％であったが、その後逆転して現在では発電に占める再生可能エネルギーの割合は40％を超えている。その内訳は、風力が20・４％、太陽光が８・４％、バイオマスが８・３％、水力が3・2％となっている。発電全体に占める原子力の割合は13％程度である。いずれにしろ、２０２５年までに再生可能エネルギーの割合を45％、そして２０５０年までには80％に引き上げることを目標にしている。しかし、エネルギー消費全体に占める再生可能エネルギーの割合は12・４％にすぎず、Ｇ20の中でも中位にとどまっている。ブラジル（44％）、インド（39％）、インドネシア（37％）には遠くおよばず、トルコ（12・８％）、フランス（12・６％）などとほぼ同じ水準だ。

エネルギーシフトに問題あり

ドイツでは再生可能エネルギーへの転換が進んでいるが、このところ二酸化炭素排出量がほとんど減っておらず、2020年の削減目標達成にはほど遠い状況にある。その原因には好景気、人口増、自動車や航空機などの交通量の増加があげられる。ドイツにおける温室効果ガス排出量の90%は化石燃料によるもので、石炭火力発電所、工場、建物の暖房設備、トラックなどの車両が主要な排出源となっている。ここで特に問題なのが石炭・褐炭による火力発電である。ドイツは電力の輸出比率が高く、国内で発電される電気の約9%が近隣諸国に輸出されている。この輸出分だけ石炭火力をやめれば、二酸化炭素排出量が約4%削減できると指摘する専門家もいる。

発電の約15%を石炭火力発電が、約24%を褐炭火力発電が占めている。褐炭は国内で多く産出するため大量に利用されているが、低品質で、燃焼効率が悪く、二酸化炭素が大量に排出される。石炭・褐炭への依存度がなかなか低下しないのは、国や州政府が補助金を出して価格競争力を後押ししていることも関係している。環境保護派は批判を続けているが、この問題にはルール地方などで100年以上におよぶ石炭鉱山の歴史、労働組合、これを支持する政党などがかかわっていて鉱山閉鎖はすぐには難しい。それでも政府はようやく重い腰を上げ、2038年までに石炭・褐炭の火力発電所を全廃する方向へと舵を切った。これを実現するためには、石炭・褐炭産業に依存していた地域の構造改革、鉱山関係者1万5000人と火力発電関係者5000人の転職または職業再訓練、打撃を受ける企業への補償措置もあわせて実施する必要がある。さらには、この火力発電所全廃が電気料金の上昇につながらないようにしなくてはならない。これらの措置には莫大な費用が必要だが、財源の問題は解決していない。

エネルギーシフト実現に不可欠なのはエネルギー消費の効率化あるいは消費量の節減である。2050年に電力需要のほぼ100％を再生可能エネルギーでまかなうとしたら、エネルギー消費量を現在の半分にしなければならない計算になる。2050年時点でのエネルギー消費量が現在の水準のままだと想定した場合には、再生可能エネルギーの発電量を現在の20倍にしなくてはならない。これは現実的には不可能だから、消費量の大幅削減だけがとりうる唯一の道となる。政府は2020年までにエネルギー消費量を2008年比で20％削減することを目標としているが、目標達成は無理な状況で、目標より10年遅れるとする見方もある。ドイツでは力強い経済成長が長期にわたり続いたため、エネルギー消費削減が思うように進まなかった。

再生可能エネルギーによる発電の場合、必ずしも電力消費地の近くに発電所を作れるわけではない。再生可能エネルギーの半分近くを占める風力発電は、風の強い北部の沿岸部などが中心地となっている。北部で発電された電力を一大消費地である南部に送電しなくてはならない。エネルギーシフト後、差し迫った課題として浮上したのが送電網の整備である。電力を大量かつ迅速に北から南へ送るため、既存の高圧送電網の効率性向上に加えて、3800㎞におよぶ幹線送電網を国内の原発が完全に停止する2022年までに整備する計画が進められている。国内を縦断するこの高速送電網は「電力アウトバーンと」呼ばれている。

ところが各地で抵抗の声が上がっている。自然保護、景観保護を重視する自治体や住民たちが反対運動を繰り広げているのだ。沿岸地域や中部の山岳地帯に風力発電の風車が林立し、各地に太陽光パネルなどが設置されて、自然や景観が損なわれている。加えて、南北送電網建設計画では、送電塔だけでなく、送電線に沿って安全のため100m幅の緩衝地帯を設置することになっている。送電網の100m幅の帯が森林を切り裂き、草原や田園地帯を突き抜けてゆくのである。バイエルン州などはこの計画に異を唱え、州内では地下に埋設するよう強硬に主張し、ついには押し通してしまった。当然のことながら、送電ケーブルの地下化のほうがずっと費用がかかる。

エネルギーシフトを世界に率先して推し進めるドイツだが、さまざまな批判にあっている。核への恐怖という「ジャーマン・アングスト」に突き動かされて再生可能エネルギーに邁進しているが、すべての人が高い意識をもって太陽光や風力の生活に切り替えようと思っているわけではなく、日照時間が短くなったり、風が弱まったりして発電量が落ちたら、フランスから原子力で発電した電気をためらうことなく買っているとして、ドイツ人のダブルスタンダードを批判する声は少なくない。もともと日照時間が短く、風力も大きな頼りとならない国で、再生可能エネルギーを中心に据えようというのは無謀な計画だと非難する一方で、物事を徹底的に行うドイツ人の性格を引き合いに出して、こんな無謀なことをやりとげるとしたら世界広しといえどドイツ人以外にいない、などと皮肉とも称賛ともつかない意見をいう人さえいる。

しかし2016年12月26日に、ドイツは風力発電だけで1日の国内電力需要の85%をまかなったという「大記録」を打ち立てた。福島原発事故の年の2011年と翌2012年にエネルギーシフトのために投入された資金は、月面着陸に要した費用に匹敵するとされている。どんな批判を受けても、ドイツが原子力エネルギーに後戻りすることはないであろう。「フクシマ」の衝撃はあまりにも大きかったのである。

肉食は環境破壊

ドイツにはヴィーガンという徹底した菜食主義者がたくさんいるが、これは健康上の理由だけでなく、環境保護、動物愛護の信念から肉を食べない人たちである。スーパーなどで販売されている肉類には、有機ラベルの付いたものや飼育環境に配慮して生産された食肉ラベルの付いたものがある。後者の場合は、飼育場に充分な広さがあり、家畜が自由に動き回ることができ、敷き藁などが衛生的で快適な状況にある場合に認定される。ただ、消費者の73%はこれらのラベルがない従来品を買っている。その理由としては、習慣で従来品を買ってしまう、買い物の時間が短くてラベルを見ている暇がない、値段が高いことがあげられている。

ドイツには日曜日だけ肉料理を食べる習慣があった。豊かでなかった頃は一般庶民が肉を食べられる機会はなかなかなかった。それで「ハレ」の日である日曜日だけは、家族全員が食卓を囲んでご馳走である肉料理を食べていた。この肉料理とは「ブラーテン」と呼ばれるローストした肉が一般的で、教会での日曜の礼拝を終えて昼食に食べていた。子どもばかりでなく、大人たちもこの食事を楽しみにしていた。現在でもドイツ人は昼食によく肉料理を食べる。ヨーロッパ人の中ではイタリア人はあまり肉を食べない。

この古きよき習慣を復活させるべきだと声高に主張する人々がいる。それは環境意識の高い人たちで、食肉の大量生産と大量消費を抑えて地球温暖化防止に貢献しようというのである。牛が食べたものを消化する際に発生するメタンガスは、温室効果ガスとされる二酸化炭素の23倍もの威力で大気に深刻な影響を与えるという。だから、肉の大量消費を考え直し、日曜日にだけ肉を食べる古き習慣に立ち戻るべきだ、そうすれば健康にいいばかりでなく、地球環境にも優しくなれるという論理なのである。

家畜の大量飼育を中心とする食肉生産には、環境への負担や温暖化ガス排出の点で批判が多い。たとえば、豚肉1kgを生産するのに3kgの穀物が、牛肉1kgの生産には1万5000ℓの水が必要となる。これに対し、穀物生産には1650ℓ、野菜には320ℓの水しかいらないのだ。

家畜の糞尿も問題になっている。これは産業廃棄物として適正に処理されなくてはならないのだが、処理費用がばかにならないので、農家の負担にならないよう糞尿を使った液肥として使用することが認められている。しかし、これを大量に耕作地に散布すると、悪臭ばかりでなく、地下に浸み込んで地下水汚染の原因となる。ドイツでは水質の悪化が大きな問題となっている。

自動車か環境か

ドイツはダイムラーとベンツが19世紀後半にガソリン式自動車を発明した自動車文化の発祥地であると同時に、販売台数が世界一のフォルクスワーゲンをはじめ、ベンツ、ポルシェ、BMWなど名だたる自動車メーカーを生み出した自動車大国でもある。だからドイツ人の車に寄せる思いは人一倍強い。

そんなドイツが揺れている。フォルクスワーゲンが排ガス検査をくぐりぬけるため、ディーゼル車のソフトウェアを不正に操作していたことが発覚した。これはディーゼルスキャンダルと呼ばれ、BMW、ベンツなど他社にも同じような不正が見つかった。フォルクスワーゲンは米国で莫大な罰金を科せられ、米国のユーザーに多額の損害賠償を支払うことになった。さらに、燃費データも改ざんしていることがわかり、ドイツ自動車メーカーに対する信頼が失われた。加えて、空気中のPM2・5や二酸化窒素の濃度が基準値を超えたことで、多くの都市で旧型ディーゼル車の走行禁止措置が裁判所から言い渡され、大きな騒ぎとなっている。これに対しては一部の医師たちが異議を唱え、濃度基準値の根拠はあやしく、これを超えたからといってすぐに肺がんが増えるわけではないと主張している。この専門家の意見を追い風に排出基準見直しを求める声が大きくなっている。このような状況のなか、ディーゼル車主体だったドイツでも、ディーゼル車の売れ行きがかなり落ち込んだ。

さらに、アウトバーンに速度制限を導入すべきだという意見が再び叫ばれるようになり、議論が沸騰している。ドイツのアウトバーン全区間のうちまったく速度制限がないのが70%、条件付きで無制限なのが６・２％ある。最高速度が時速１３０㎞となっているのは４・７％、１２０㎞が７・８％、１００㎞以下が８・３％である。ドイツはヨーロッパで唯一スピード制限のない国だ。他のヨーロッパ諸国では最高速度は時速１２０㎞ないし１３０㎞が一般的だが、ノルウェーのように時速90㎞の国もある。

速度制限すればガソリン消費量が減り、有害物質の排出が抑えられ、ひいては地球温暖化防止に貢献できるというのが速度制限論の根拠だ。環境を大切にするドイツ人には説得力のある論理だが、その主張の根拠のあいまいさもさることながら、「アウトバーンでの自由」を求める声は根強く、これまでに何度となく速度制限導入論が跳ね返されてきた。現在でも、アウトバーンでの最高時速１２０㎞の導入に賛成しているのは35％にすぎず、62％が反対している。

１９９５年当時、旧西ドイツ地域でアウトバーンの最高速度を時速１２０㎞に制限した場合、有害物質の排出にどんな変化があるか分析が行われた。それによると、排出量はすべての有害物質で６～９％しか減少せず、国全体の排出量抑制にさしたる効果がないことがわかり、速度制限論が下火になった経緯がある。しかし、その後アウトバーンの交通量が大きく増加したうえ、ディーゼルスキャンダルを受けて排ガス検査が厳格化されたことで、有害物質の排出量データがかなり上振れすると考えられている。新たなデータに基づいた検証が待たれるところである。いずれにしても、自動車の排ガスが地球温暖化の主要因のひとつであることに変わりはない。

交通安全を盾に速度制限反対論を突き崩そうとする動きもある。しかし、ドイツ全体の交通事故死亡者数は減り続けており、最近は年間３２００人から３４００人の間を推移している。しかも、自動車利用全体の31％がアウトバーン経由であるのに、死亡事故は全体の13％でしかない。その一方で、アウトバーンのある区間で最高時速を１３０㎞にしたところ、事故件数が大幅に減り、事故死がゼロになったことがある。速度制限の効果がまったくないわけではない。その効果を軽微と見るか、重大と見るか、立場によって分かれるところだ。

第2章　ドイツを深く理解するためのキーワード

1. 連邦共和国

連邦制とは

ドイツは正式には「ドイツ連邦共和国」という。その名の通り連邦制を国の体制としている。同じ権利を持ち、自立した州で構成される形態である。連邦制はドイツの政治形態を規定しているばかりでなく、文化や生活に至るまで影響を及ぼしている。そのため、ドイツを理解するうえで重要なキーワードのひとつである。

ドイツには16の州があり、それぞれが州政府、州議会、州憲法をもっている。各州に自治権が認められ、州内の行政を自らの判断で直接行っている。州にも首相や大臣はいるが、外務大臣と国防大臣、それに大統領はいない。これに対し、首都ベルリンには中央の機関として連邦政府、連邦議会、連邦大統領府があり、国の憲法として基本法がある。

連邦制という政治体制の中、各州の自治が最大限に尊重されながら、統一国家として機能するような仕組みが作られている。各州は自治のもとそれぞれのやり方で問題に対処することになっているのだが、実際の問題解決や政策の実施にあたっては連邦と州または各州間での調整や協力が重視され、協調性・統一性が優先されている。たとえば、各州の首相、各州担当大臣、または連邦首相

シュレースヴィヒ・
ホルシュタイン州
メクレンブルク・
フォアポンメルン州
ハンブルク州
ブレーメン州
ニーダーザクセン州
ベルリン州
ブランデンブルク州
ザクセン＝
アンハルト州
ノルトライン・ヴェ
ストファーレン州
ザクセン州
テューリンゲン州
ヘッセン州
ラインラント・
プファルツ州
ザールラント州
バイエルン州
バーデン・
ヴュルテンベルク州

ドイツの16州

と州首相といったさまざまなレベルで定期会合が実施され、相互理解や政策の調整が行われている。州の専権事項である文化・教育行政においても常設の文化大臣会合があり、各州一致の解決策や統一的規則などが模索されている。

歴史に根づく

連邦制はドイツの歴史的伝統である。真の意味での統一国家としての歴史は比較的浅く、ドイツ帝国から150年あまりだ。

ドイツはかつて「神聖ローマ帝国」という国だった。現在のドイツに加えて、オーストリア、スイス、イタリア、オランダ、チェコを領土としていた。独立した小さな国々が集まって、帝国という緩やかな集合体を作っていた。それぞれの国の君主が強大な権限を持っており、神聖ローマ帝国の皇帝の権限は弱く、統一国家とは言いがたいものだった。帝国内の諸侯の独立志向が強かったばかりでなく、隣に強大な統一国家が出現するのを恐れたフランスが事あるごとに介入し、統一国家の形成を阻止しようとしたためでもある。

1871年になって、プロイセンの主導のもとようやく統一国家「ドイツ帝国」が誕生した。現在のドイツのほか、ポーランドやチェコやリトアニアの一部地域を支配下に置いていた。統一国家とはいっても連邦国家の形態をとっていた。軍隊、経済、交通、通貨、度量法などは帝国政府が管理し、行政、司法、教育、教会などは各構成国の権限下にあった。その後第一次世界大戦（1914年～1918年）での敗戦を経て民主的国家「ワイマール共和国」が成立したが、1933年にヒトラーが首相となり独裁体制をつくりあげた。政権についたヒトラーは自分に権力を集中させ、各州議会を解散し、州の自治権を国家に移したのだった。ドイツはこの時期だけが歴史上唯一中央集権国家であった。そして第二次世界大戦での敗戦により、連合国に占領・分割統治された。1949年に英米仏占領地域とソ連占領地域が相次いで独立し、ドイツ連邦共和国（いわゆる西ドイツ）とドイツ民主共和国（東ドイツ）という2つのドイツ人国家が誕生し、東西に分断された。ヒトラー独裁時代への反省から、戦後西ドイツは歴史的伝統に基づいた11州からなる「連邦国家」体制を国是とした。

さらに1990年の再統一に際しては、その前提として東ドイツが西ドイツのように州を形成し、連邦制の基盤を整備するよう求められた。そこで、伝統的に存在していた5つの地域が州となり、新しくできた州議会が決議してドイツ連邦共和国に加入した。再統一はあくまでも、旧西ドイツの憲法である基本法に定められた連邦制の枠組みの中で実現したのである。したがって統一後も州の独立性と自治を最大限に尊重する原則は生きている。

連邦制を支える仕組み

ドイツの基本法（憲法）では民主主義、連邦制、社会福祉国家が基本原則であると定められており、これらの理念に関わる憲法改正は禁止されている。

連邦制に関していえば、これを否定するような憲法改正は認められない。たとえば、州制度を廃止することは違憲である。ただ、個々の州について、その州境を変更するとか、州を解体したり、他の州と合併したりすることは可能である。実際、一時ベルリン州とブランデンブルク州との合併の議論が進んだことがある。両州の議会が合併案を承認したが、その後の住民投票の結果、反対多数で実現しなかった。また、州議会の決定や住民投票で、君主制あるいは王制への移行、ドイツからの離脱、政治的独立、他の国への編入・合併を決めても認められない。この場合、連邦制の原則が民主主義の原則に優先するからである。

連邦制がうまく機能するよう連邦と州の役割分担が決められており、基本法（憲法）に事細かく明記されている。このいわば「権限目録」は連邦制の特徴といえる。主権国家として統一的な政策を行わなければならない分野、つまり外交、防衛・安全保障、国家予算、国境警備、通貨などは中央政府である連邦政府の仕事である。だから州には外務大臣も国防大臣も、そして軍隊もない。だが、投資促進や経済関係強化などの目的で、州首相や州大臣が外国を訪問することはある。国内行政、新聞・放送、教育、文化、警察などの分野は州政府の自治に任されている。これらの分野では外国と交渉したり、条約を結んだりすることができる。ただし連邦政府の同意は常に必要だ。

このうち、州政府の権限の最たるものは文化・教育行政である。学校や大学の管理運営を含めた教育行政は、各州が独自に決定し実施する権限を持っている。極端にいえば、各州政府は独自に教育制度を定めてよいのである。これは州の「文化主権」と呼ばれている。国の将来を担う若者を育てる大事な教育・文化政策を各州の自治に任せているのである。中央で統一的に行わず、各地域の自治に任せることでそれぞれの文化的特性や独自性が維持され、多様性に富んだ国をつくり上げるのに役立っている。

立法府である議会は連邦議会と連邦参議院の二院制である。連邦議会議員は任期が4年で、国民の直接選挙で選ばれる。これに対し、連邦参議院は各州政府の代表者で構成される議会である。州の人口規模に応じて連邦参議院に送り込める代表者の数が決まっているが、各州最低3議席を持っている。誰を送り込むかは州政府が決める。議席は州のものであって、個々の政治家に属しているのではない。通常は州首相や州大臣が議員として出席している。参議院の議長には各州持ち回りで州首相が任命され、任期は1年である。連邦参議院議長は連邦大統領を代行する。

連邦参議院には連邦制を機能させる工夫がよくあらわれている。各州の考え方や意見をできるだけ反映させること、連邦と州は上下の関係にあるのではなく、対等な関係にあるということ、中央政府の権限が強大になりすぎないようチェックすることなどがシステムとして確立されている。憲法改正、州の行財政、連邦制に関わる法案は参議院の同意がないと成立しない。これ以外の法案は参議院で否決されても、連邦議会が再可決すれば成立する。憲法改正には連邦議会と連邦参議院でそれぞれ3分の2が賛成しなくてはならない。国民投票は必要ない。また、憲法の番人である連邦憲法裁判所の判事は、連邦議会と連邦参議院がそれぞれ半数ずつ選出する。

連邦参議院では採決にあたって、各州が持ち票を一括して賛成または反対に投じる。分割して投票することはできない。ドイツでは州レベルでも複数政党による連立政権が一般的であるから、州政府内で賛否が分かれる時がある。このような時には採決を棄権するか、事前に連立協議で決めておくか（くじ引きをしたこともある）、あるいは連立を解消することになる。

連邦と州がそれぞれの役割を果たすためには財源が必要となる。そこで税収の分配方法が決められている。税収全体の4分の1は国税（関税など）または地方税（財産税や相続税など）であり、すでに所属先が決まっている。残りの4分の3は所得税、法人税、消費税などで、所属先は決まっておらず、国、州、市町村が一定の割合で分け合うのである。しかし、豊かな州とそうでない州の間で税収の差が出てくる。そこで州の間の財政力の違いをできる限り小さくするため、財政調整という税収再分配システムがある。その中心となるのが水平的財政調整といわれるものである。財政的に豊かな州の受け取り分を削り、財政力の弱い州に多めに分配する方法だ。基本法（憲法）でも、豊かな州は財政調整に参加する義務があり、豊かでない州は財政調整を受ける権利があるとされている。相互に助け合うこと、つまり連帯の原則が連邦制の基本となっている。これを補完する形で行われるのが垂直的財政調整と呼ばれるものだ。個別の州の財政不足に応じて、連邦政府が自分の取り分から追加的に支出する仕組みである。

日本の都道府県に比べ、ドイツの州ははるかに大きな権限を持っていて、独立性が強く、独自性に富み、中央政府と対等にわたり合うことができる。州首相には日本の知事とは比べものにならないくらい大きな政治的影響力がある。また、中央で野党である政党が州レベルで連立政権を作り、新しい政策を試したり、政権担当能力や政策力を証明したりして、いつでも中央政府を担える用意があるのを示すことができる。さらには、連邦と州は政治・行政分野で互いに人材を供給しあっており、これがまた連邦と州が国家として有機的に結びつくことに貢献している。実際、歴代の連邦首相や野党の首相候補、連邦大臣、そして連邦大統領には州首相経験者が多い。たとえば、ブラント元首相、コール元首相、シュレーダー元首相、ラウ元大統領、ヴルフ元大統領はいずれも州首相だった。逆に連邦政府の大臣を務めた人が州首相になることもある。

建設的内閣不信任案

日本の国会では内閣不信任案が可決されれば、内閣総辞職か、衆議院解散のどちらかになる。これに対してドイツには「建設的内閣不信任案」がある。この不信任案は現職の首相に代わるべき次期首相の指名とセットになって国会に提出される。建設的内閣不信任案が成立すれば、現職の首相が解任され、次期首相候補として指名された人が自動的に新しい首相に選出される。ただ単に首相をやめさせるためだけの、あるいは国会解散につながる「破壊的」な不信任案ではなく、権力の空白を作らずに新しい首相がすぐに政権を引き継げる「より建設的な」ものである。

この建設的内閣不信任案が成立したのは一度だけある。1982年当時社民党（SPD）と連立政権を組んでいた自民党（FDP）が政策の違いから連立を離脱し、野党のキリスト教民主・社会同盟（CDU・CSU）と連立協定を結んだ。これを受けて両党はキリスト教民主同盟のコール党首を次期首相候補に押し立て、建設的内閣不信任案を連邦議会に提出した。過半数の賛成により不信任案が可決され、当時のシュミット首相に代わってコールが新首相となり政権交代が実現した。

日本では衆議院解散は首相の専権事項とか、「伝家の宝刀」とかいわれている。ドイツの首相にも連邦議会解散権はあるが、これはかなり限られている。連邦議会が解散されるのは、連邦首相が提出した内閣信任案が連邦議会で否決され、これを受けた首相の提案にしたがって連邦大統領が解散を認めた時である。だが、右に述べた建設的内閣不信任案を連邦議会が可決し、新首相を選出すれば、この時点で解散権は消滅する。政権側がどうしても解散・総選挙をしたい場合は、首相が提出した内閣信任案の採決を与党議員の全員または一部が棄権し、野党の反対多数で否決されるようにしむける。こうして内閣信任案が否決され、首相の提案を受けた連邦大統領が議会を解散するという算段になる。この戦術で連邦議会解散が行われたのがこれまでに3回あった。ブラント政権時の1972年、コール政権時の1982年、そしてシュレーダー政権時の2005年である。政権側が国会解散の規定を自らの選挙戦術として利用したもので、本来の趣旨からはだいぶ離れているといえる。

首相・大臣とも任期は4年で、スキャンダルでもない限り任期途中で交代することはほぼない。日本では戦後70年間に30人以上の総理大臣が誕生しているのに対し、ドイツではわずかに8人である。短い首相で3年間、長い人だと16年間首相の座についていた。大臣も頻繁に変わることはなく、たいていは4年の任期を務めあげる。再任や他省庁への横すべりなどで4年を超えて大臣を務めることもまれではない。

連邦大統領は国民の直接選挙ではなく、連邦議会議員および同数の各州議会代表で構成される連邦会議での投票で選出される。任期は5年で、2期10年まで連続して務めることができる。大統領になるのは必ずしも政治家とは限らず、見識と人格において国の代表にふさわしい人物が選ばれる。

連邦制の弱点

連邦制の特徴のひとつは多様性と独自性である。地理的状況、産業、経済力、インフラ、文化的・歴史的要因などにより、各州の状況に違いが生じるのは当然のことである。しかし、人々は州の豊かさに関係なく、ほかの州と同じ生活水準を望んでいる。政府のほうも全国同等の生活水準を維持しようとしている。そのため、社会福祉国家として果たすべき公的サービスを全国統一的に定めている。これは連邦制国家の基本的特徴である多様性や独自性と矛盾しているようにも思えるが、社会の格差が広がらないようにするためである。

すでに書いた財政調整は経済面での違いをなくそうとするシステムであるが、この制度により各州の財政状況は似通ったものとなって平均化してくる。財政力が強い州の住民にしてみれば、その豊かさに応じたサービスを受けとる権利を侵害され、もっぱら小さな州を利することが多いシステムに映る。この財政調整制度への批判にからめて、小規模州の解体や合併など州再編成を求める意見が根強くある。

連邦制を支える仕組みとして連邦参議院を紹介したが、これが逆方向に働くこともある。連邦議会の次回総選挙までの間に各州の州議会選挙が順次行われる。その時々の情勢により、連邦議会での野党が州の政権を握り、連邦参議院での多数派が連邦議会と異なるいわゆる「ねじれ現象」が起きることがある。すると、野党は政府提出の法案を連邦参議院で否決したり、政府のほうは参議院の同意を必要としない法案作りに腐心したりと、連邦制の趣旨がないがしろにされ、各党が党利党略に走り、ひいては連邦制の弱体化につながりかねない。さらに州にも悪い影響が出てくる。ねじれ現象を回避するため、国政レベルの連立与党は州議会選挙にも力を入れて連邦参議院での過半数を維持しようとする。そこで州議会選挙であっても国政レベルの政策が声高に叫ばれ、連邦議会での政治的対立が持ち込まれる。これがあまりにも前面に押し出されすぎて、州本来の問題がおざなりにされてしまう弊害も生じるのである。

州の文化主権の原則により、学校教育については州が独自に定めているので、学校や大学で取得した単位や卒業資格を別の州で認定してもらう際、非常に煩雑な事務手続きをしなくてはならない。だから、子どもを別の州に転校させようとすると、手続きや書類集めなどで大変な労力と時間が必要となってくる。ドイツ人はよく冗談で、フランスに転校させたほうがずっと簡単だ、などと言ったりする。このような問題に対処できるよう、各州の文化大臣で構成される連絡協議会が定期的に開かれ、独自性を失わない程度に調整が行われている。

ドイツの基本法（憲法）では、連邦政府と州政府は教育・文化の分野で協力してはならないことになっている。連邦政府が財政面などで学校や大学を支援しようとする場合には、州政府と協議し、憲法を改正しなくてはならない。憲法改正には連邦参議院で3分の2の賛成が必要なので、各州政府の意見も取り込んだ法案が作成される。それでも文化主権、さらには連邦制の大原則を揺るがすとして否決されることも珍しくない。このようななか、大学教育や学術研究の分野での連邦と州の協力が認められ、連邦政府が継続的に大学や研究施設の助成に関与できるようになった。また、学校教育のＩＴ化に向け、児童・生徒にタブレットを貸与する費用を連邦と州が共同で拠出することも決まった。もちろん、そのために憲法が改正された。

州の代表で構成される連邦参議院、連邦と州の権限分担など、連邦制を支える仕組みがかえって意思決定を遅らせる結果となることもある。決定過程にかかわる人が多すぎ、連邦と州それぞれの利害が絡み合い、意思決定または妥協案にいたるまでに時間がかかり、その間に内容が大きく変わることさえある。さらには、改革に反対する勢力がこのような仕組みを利用して、意思決定を阻止することも可能なのである。

ＥＵは連邦制のライバルか

ドイツと他のＥＵ加盟国との間には、もともと政治体制に根本的違いがあった。ＥＵ誕生当初、連邦制を実施していたのはドイツだけで、中央集権的体制の国がほとんどだった。のちにベルギーとオーストリアが連邦制を推し進め、スペインとイタリアでは地方に立法権を認めるようになり、地域主義や地方分権を取り入れる国が増えてきている。しかし、多くの国ではなお中央集権的体制が主流となっている。

ＥＵでは域内での規則や法律を統一化するため、本部のあるブリュッセルに加盟国の大臣や政府代表者が集まって協議し、教育・文化政策、放送法などあらゆる分野でＥＵ規則を定めている。各国政府はこれをもとに国内法を整備しなくてはならない。この法制度共通化の過程で、立法権限がＥＵに委譲され、各国の行動が制限されていく。特に連邦制国家では各州の権限であったものが、州の関与もなしにＥＵに立法権が委譲されてしまい、結果的に連邦政府は国内法上権限のない事項（教育、文化、地方行政など）にも影響力を及ぼすことになるのである。これは憲法改正にも等しい状況であり、連邦制における権限構造への干渉でもある。ここに欧州統合と連邦制との緊張関係が生まれてくる。

ＥＵへの過度の権限集中を排除し、各国政府の主体性をある程度確保するため、権限分配の原則（サブシディアリティの原則）が定められている。ＥＵがすべてを決めてしまうのではなく、ＥＵが実行したほうがより効率的となる場合にＥＵが担当し、そのほかについては加盟国の自主性や裁量に任せるというものである。これに関しては相反する解釈が可能で、ＥＵと加盟国政府間の関係性のみを規定したものだとする意見と、国レベルだけでなく、より低いレベルである州や自治体も含まれるとする主張がある。

ドイツは基本法（憲法）で、連邦参議院がEU関連事案の決定に関与できるよう定めている。これは欧州統合の深化にともなって失われた州の権限を埋め合わせるものであり、今までになく中央政府の意思決定に影響力を行使できるようになっている。さらに連邦参議院は、ドイツの連邦制にならって、EUと加盟国の権限を明確化する「権限目録」のようなものを定めるよう求めている。ドイツは基本法（憲法）の中で権限を列挙して、それぞれについて中央政府が担当するのか、州政府の管轄権とするのか定めている。この「権限目録」は連邦制国家の特徴である。しかし、加盟国の多数がEUを連邦国家体制にすることに反対している以上、ドイツ流の考え方が受け入れられる可能性は低い。

東西格差、そして真の統一

再統一後30年たっても、東部ドイツと西部ドイツの間には失業率、賃金、生活水準における格差という現実の問題に加え、わだかまり、反感、不信、偏見、差別・被差別意識が人々の心の中にまだ残っている。再統一により東西ドイツを隔てる壁も国境もなくなったが、「人々の頭の中には新たな壁ができた」と言われたこともある。失業率が高く、経済的にも社会的にも低迷している東部ドイツの地域では、多くの住民たちが連邦政府から見放され、置き去りにされていると感じている。

大衆迎合主義政党のＡｆＤ（ドイツのための選択肢）が東部ドイツを中心に政府や既成政党に不満を持つ人たちの票を集め、２０１７年の連邦議会選挙で大躍進した。東部ドイツ地域の経済が発展し、生活水準の格差がなくなり、東西の人々が意識面でも格差を感じず、普通に理解し合える「真の統一」までにはまだ時間が必要だ。

１９８９年のベルリンの壁崩壊直後の2年間だけで、若者を中心に80万人を超える人たちが旧東ドイツを後にした。より豊かな生活、よりよい職場を求めて西へと移っていった。西へ移住した人の約3分の2が30歳以下で、半分以上が女性だった。その後この流れはいったん落ち着いたが、２００１年あたりから西へと移動する人の数が再び増大した。１９９７年に1万人だったのが、２００１年には10万人弱に達した。この時も若者たちが中心だった。彼らは旧東ドイツ地域に住居を置いたまま西へ出稼ぎに行って生活をやりくりし、経済状況が改善するのを何年も待っていた。しかし、情勢好転の兆しは一向に見えず、とうとう待ちきれなくなって西への移住を決意したのだった。

結局、統一後25年間に東部から西部に移動した人の数は合計で３３０万人、逆に西部から東部に移り住んだのは２１０万人となった。差し引き１２０万人が東部ドイツ地域からいなくなったわけだ。女性を中心とした若者が西部ドイツ地域へと移っていったため、東部ドイツ地域では出生率の低下による高齢化と過疎化が一気に進んだ。

ところがここにきて、東部ドイツに移り住む人が増えている。この地域を出ていく人と入ってくる人の数を比べると、今までは出ていく人のほうが多かった。つまり「出超」状態であったのだが、2017年には4000人の「入超」になった。18歳から29歳の世代では相変わらず出超状態であるが、その他の世代ではおしなべて入超となっている。出身地に戻ってくる人たちが増えているのかもしれない。実際、児童・生徒の数が全国平均で0・5％減少しているのに、東部5州では軒並み増加している。これに対し、西部ドイツではハンブルクとベルリンを除くすべての州で減少している。

かつてドイツを東西に分けていたベルリンの壁
壁の向こうは旧東ドイツ

また、東部ドイツではちょっとした結婚ブームとなっている。20年前と比べると、結婚件数が西部ドイツで減少しているのに、東部ドイツでは大きく増えている。特にバルト海沿岸のメクレンブルク・フォアポンメルン州では2倍以上増加している。結婚の動機として経済的理由が多いことから、経済力の弱い東部地域では結婚して経済的安定を求める傾向が強いと分析されている。メクレンブルク・フォアポンメルン州の1人当たりのGDPはドイツで一番低く、他の東部州も軒並み低い。一方、結婚件数が最低のハンブルク州は1人当たりのGDPが全国一なのである。いずれにしろ、人が戻り始めているのはいままでにない明るい兆しといえる。

2. キリスト教文化

教会の鐘

ヨーロッパの田園地帯を車で走っていると、風に乗って鐘の音が聞こえ、まもなく遠くに教会の尖塔が見えてくる。これで町が近づいてきたことがわかる。都市では戦後高層の建物ができ、教会の建物は目立たなくなってきているが、田園地帯の町や村ではいまだに教会が町の中心で大きく高くそびえ立っている。中世にあっては教会の尖塔が海辺の灯台のような役目を果たし、巡礼者や旅人を導いていた。そして、巡礼者たちにとっては教会そのものが旅の目的地でもあった。

ドイツの多くの都市が教会を中心として形成されてきた。町を歩いていると中世以来変わらぬ鐘の音色に包まれることがある。キリスト教文化の国にいることに改めて気づかされる瞬間だ。教会の鐘は、今なお町の中心の広場にそびえ立つ高い鐘楼の上から生活のリズムを刻み続けている。この鐘の音色がドイツの町に個性的な表情を与えている。

鐘は6世紀ごろからヨーロッパに現れ始めた。もともとは教会や修道院で祈祷の時間を知らせるのに使われていた。また、キリスト教の考え方では、時間とは神が創造したものであり、神にのみ属するとされた。このような背景から、町を見下ろす教会の尖塔に鐘が取り付けられ、何世紀にもわたり人々の生活リズムを規定してきた。鐘の音により教会の教えが市民生活のすみずみにまでおよんで行くと考えられていた。やがて近世に入り機械式時計が作られ、市庁舎など公の施設に設置されるようになり、時間の管理が市民の手へと移っていった。時間を含め、あらゆるものを支配していた教会が衰退していく過程、つまり「世俗化」の

ドイツ南部の町ウルムの大聖堂
教会の塔としては世界一の高さ（約162m）を誇る

流れを象徴するものである。

人口の半分以上がキリスト教徒

ドイツの人口約8250万のうち約56％がキリスト教を信仰している。ローマ・カトリックの信者数は約2400万人、プロテスタントの信者数は約2200万人だが、地域によりばらつきがある。旧西ドイツ地域では人口（約6650万人）の70％強、ベルリンを含む旧東ドイツ地域（約1600万人）では約25％がキリスト教信者だ。東部ドイツは宗教改革者ルターの影響が強く、プロテスタント信者が圧倒的に多い。一方、無宗教の人が西部ドイツで18％、東部ドイツで67％いる。旧東ドイツでは共産主義体制下で長い間宗教が抑圧されていたからだ。無宗教の人の中には、宗教に無関心な人ばかりでなく、神の存在を否定する無神論者もいる。

近年は東ヨーロッパや南東ヨーロッパからの移民が増加していて、キリスト教の一宗派であるギリシャ正教の信者が120万人を超えている。イスラム教徒は約450万人いて、その出身国は40か国以上におよぶ。このほかユダヤ教徒が約10万人、仏教徒も約25万人いる。

しかし、キリスト教はドイツの国教ではない。ドイツの基本法（憲法）には「国教会は存在しない」と明記されている。その一方で、前文の冒頭には「ドイツ国民は、神および人間に対する責任を自覚し、……」とも書かれている。

1919年に制定された「ワイマール憲法」の中で政教分離が定められ、現在の基本法（憲法）にも引き継がれている。政教分離とはいっても、宗教団体（特にキリスト教団体）と一切関係を持たないということではない。国は宗教に対し中立的立場をとり、不介入を原則としながら、宗教団体・法人の資格を審査し、これを認定している。さらに、国や州はキリスト教会と条約や協定を結び、相互の関係を明確に規定している。たとえば、キリスト教の祭日を国民の祝日とする、公立学校において宗教（キリスト教）の授業を正式科目とする、公立大学の神学部への教会の関与を認める、教会に代わって税務署がキリスト教信者から教会税を徴収する、国（州）が教会への賠償金を支払うことなどが定められているのである。

同じキリスト教文化圏でも、国と宗教とのかかわり方はヨーロッパ諸国の間でかなり異なっている。英国では国王が英国国教会の首長となっており、スカンジナビア諸国ではルーテル教会を国教会とするなど国と教会の結びつきは強い。これに対し、フランスは政教分離を厳しく実行している。宗教はあくまでもプライベートなこととして、国は宗教・信仰に一切かかわらないとする立場をとっている。フランス人の40%が無宗教だとする統計もある。

祝日はキリスト教に由来

ドイツの祝日は、カトリックとプロテスタントの違いはあるものの、ほとんどがキリスト教にかかわるものである。これはヨーロッパの大半の国にあてはまる。しかし今日では祝日の由来を知らない人が少なくない。宗教と関係のない全国共通の祝日は元日（1月1日）、メーデー（5月1日）、ドイツ統一記念日（10月3日）だけだ。また、クリスマスイブ（12月24日）と大晦日（12月31日）は祝日ではないがほとんどの職場で休みとなる。

祝日には固定祝祭日と移動祝祭日の2種類がある。前者は日本のほとんどの祝日と同じように日にちが決まっている。その代表例が元日、メーデー、統一記念日、クリスマス（12月25日と26日）である。移動祝祭日はすべてキリスト教の祝祭にかかわるもので、月曜日とか木曜日とか曜日が定められているだけで、休みとなる日にちは年によって違う。教会暦の計算にしたがって毎年決められるのだ。

ドイツは連邦制を原則としているので、州内の行政は各州政府の自治にゆだねられている。祝日に関しても同様で、どの日を祝日とするかは基本的に各州が独自に決めている。実際は各州共通の祝日が9日あり、これにさらなる祝日を加えている州があるのだ。州によって違うのはキリスト教の祭日にかかわるものである。「カトリックの州」か「プロテスタントの州」かによって祝日が異なってくる。だからといって州ごとに信ずるべき宗教が決められているわけではなく、地域の歴史的経緯や信者の割合にしたがってこう分類されているにすぎない。

しかし、その裏には血みどろの歴史があった。ルターによる宗教改革で始まったカトリック（旧教）とプロテスタント（新教）の激しい抗争のあと、各領主が自国内の宗教を決めてよいことになった。当時のドイツは日本の戦国時代のようにいくつもの小さな国に分かれており、北部と東部の諸国（ザクセンやプロイセンなど）はプロテスタントを、南部と西部の諸国（バイエルン、バーデンなど）はカトリックを国教に定めた。現在の州の区分は歴史的・伝統的地域分けを基本にしているので、カトリック州かプロテスタント州かという区別についてもこれを継承している。もちろん、カトリック州にプロテスタント信者が住んでもかまわないし、プロテスタントの教会もある。その逆も同じだ。現在、カトリック信者の多い州はザールラント州（住民の63％）、バイエルン州（54％）など。プロテスタント州は北部と東部に多く、シュレスヴィヒ・ホルシュタイン州（52％）、ニーダーザクセン州（49％）などである。加えて、ブランデンブルク、メクレンブルク・フォアポンメルン、ベルリン、ハンブルクの各州では無宗教の人の割合が非常に高い。

一般的にいってカトリック州のほうが祝日が多い。最も多いのはカトリック州であるバイエルン州の一部地域で、年間14日もある。最も少ない州では10日となっている。だから、祝日のはずなのに隣の州に行ったらみんな働いていたとか、極端な場合には同じ州でも隣町に行ったら休みだったということさえある。たとえばバイエルン州のアウクスブルク市だけが休みとなる祝日がある。居住している町が祝日であっても、職場のある町がそうでなかったら当然仕事に行かなくてはならない。そして、カトリック州に住むプロテスタント信者も州の祝日には仕事や学校を休んでいるし、その逆もある。

学校は教会の付属

ドイツでの学校の始まりは教会の学校だった。教会や修道院が学校を建て、何世紀にもわたってキリスト教布教の最重要拠点として運営し、教育と文化の担い手となっていた。

修道院や教会が運営する学校には、修道僧や聖職者を目指す子どもたちのための学校と、貴族など上流階級の男子を対象とする学校とがあった。授業料は無料で、代わりに財産のある親が修道院や教会に寄付をしていた。学校内では勉学態度など規律はたいへん厳しいものだった。女子修道院も学校を運営していて、修道女を目指す人や貴族の女子が学んでいた。

近代に至るまで聖職者は国民の教育者とされていて、教会は学校・教育制度そのものだけでなく、授業内容、教員養成、教師の道徳的・政治的信条や行動にいたるまで監督下に置いていた。学校にかかわる権限はすべて教会の手中にあったのだ。19世紀に入ってから学校教育は国の役目とされ、学校の経営・運営、監督などの権限が国の手に移った。１９１９年のワイマール憲法で教会の学校監督権が撤廃され、現在の基本法（憲法）でも「全学校制度は国の監督を受ける」と明記されている。

だが、実態は少し違っているようだ。ドイツでは一般にまず4年制の小学校である基礎学校に入学する。公立基礎学校の中に「宗派学校」というものもあるのだが、１９６０年代ごろまではこれが大半を占めていた。宗派とはカトリックかプロテスタントかということで、宗派別に小学校があったのである。宗派学校は公立校だから税金ですべての費用が賄われていて、キリスト教会は学校運営に一銭も払っていない。学校を監督するのは市当局だが、実際の運営や授業はキリスト教会に任されていた。もともとは他宗派の児童を受け入れていなかったが、次第に他宗派、他宗教にも門戸を開くようになり、１９６０年代後半にはほとんどの州で特定の宗派の教育を行わない宗派共同学校へと移行した。

それでも一部の州や地域には公立の宗派学校がいまだに存在している。入学にあたってはその宗派に属する（洗礼を受けている）子どもが優先される。他宗派の信者の場合は、両親が学校の宗派の基本理念にしたがって教育することに同意しなくてはならない。実際の児童の構成をみると、プロテスタントの宗派学校で43％、カトリックの学校で56％の子どもが他宗派・他宗教に属している。これらの地域では制約の多い宗派学校をやめ、宗派合同学校への転換を求める声が大きくなっている。この転換は親たちの投票で決めることができる。

ところが親たちの中には、「移民の子ども（イスラム教徒）がいない、よりよい教育環境」を求めて、宗派学校に子どもを入れようとする人たちがいる。ニーダーザクセン州では、評判のいいカトリックの宗派学校に子どもを入学させたいがために、子どもの洗礼をカトリックの教会でやり直したということさえ起きている。

また、宗派学校では教員採用にあたって同じ宗派の人が優先される。これは他宗派・他宗教の人の就職機会を奪っていることになり、機会均等法に抵触するのだが、キリスト教の団体・施設は例外として信教・信条を職員採用の判断基準にすることができる。政治政党の職員採用と同じだというのである。一方、公立学校である宗派学校にはこの例外規定はなじまないとの反論もある。

宗教の授業と十字架

ドイツの学校には「宗教の授業」というものがある。この授業は無宗派学校を除く公立学校において正規の授業科目である、と基本法（憲法）に定められている。ここでいう「宗教」とは主としてキリスト教のことである。他の教科同様に国の監督を受けるのだが、政教分離と宗教に対する国家の中立性の原則から国が授業の内容を決めることはできず、宗教団体の教義にしたがって授業が行われている。この教科を受け持つのはおもに公務員である教員なのだが、聖職者などが教会から派遣される場合もある。１９９０年のドイツ再統一にともなって、それまではマルクス・レーニン主義の授業が必須科目だった旧東ドイツの学校でも宗教の授業が導入された。

宗教の授業は正規科目だから卒業に必須の単位である。しかし、世界観の多様化、非キリスト教信者（特にトルコ系を中心とするイスラム教徒）の増加、そして無宗教の比率の高い旧東ドイツ地域が加わったことで、今では「宗教の授業」に代えて「倫理」、「宗教一般」などの科目が選択できるようになっている。

ドイツの公立学校や裁判所では十字架が掛けられていることがよくある。敬虔なカトリック教信者の多いバイエルン州で特に顕著である。バイエルン州は公立小学校に対し、すべての教室に十字架またはキリスト十字架像を掛けることを義務づけていた。これに対し、教室内で子どもたちが常にキリスト教の影響を受けているとして、一部の児童とその親たちが裁判所に異議を申し立てた。バイエルン州行政裁判所はこの訴えを却下したのだが、連邦憲法裁判所はバイエルン州の規定を違憲とし、宗派学校を除く公立学校から十字架を撤去し、この規則を廃止するよう命令した。基本法（憲法）で保障されている信教の自由を侵害し、宗教・世界観に対する国の中立性の規定に反しているというのが判決理由だった。この判決に対してバイエルン州政府とカトリック教会が組織した大規模な抗議デモが行われ、同州内のプロテスタント信者もこの問題ではカトリック側と連帯することを表明した。当時のコール首相（キリスト教民主同盟）も連邦憲法裁判所の判断を批判し、ドイツにおけるキリスト教の伝統とは相容れないものだとした。

結局、バイエルン州政府はこの問題に関して新たな法律を定めた。新しい法律では教室に十字架を掛けることが義務づけられてはいるものの、児童や親たちから訴えがあり、それが信教上の重大な事由にあたる場合には校長が個別に判断するとされている。

教会には4つの財源がある

教会の第一の財源は教会税である。州政府がキリスト教信者から徴収し、これを州内の宗派別信者数に応じてカトリック教会とプロテスタント教会に分配する。教会税は地方税であり、税率は州によって異なる。南部の州では所得税の8％、北部の州では9％となっている。キリスト教会に所属している人には教会税納付義務があり、教会から脱会すれば納付義務はなくなる。教会税にかかわる収入と支出は公表されなくてはならず、教会の財政では唯一ガラス張りのものである。教会税による収入は年間合計で約100億ユーロ（約1兆3000億円）に上る。

教会税の前身といえるのが5、6世紀頃からあった「10分の1税」である。穀物、食肉、ワインなど土地から得られる収穫物の10分の1を教会に収めるという制度であった。国の税金とは別に教会に払っていた。この制度はドイツでは19世紀初めに廃止され、教会は定期的な収入源を失うことになった。加えて、世俗化が進む中、教会の領地・財産が世俗領主によって接収されていった。このような教会の経済的窮状を救うため、19世紀のヨーロッパではドイツをはじめとする多くの国が教会税を導入し、教会の活動を支援することにした。民主的憲法のワイマール憲法でも教会税徴収が定められており、後のドイツ連邦共和国の基本法（憲法）に受け継がれ、現在に至っている。

次の財源は、キリスト教会が運営する福祉団体カリタス会（カトリック系）とディアコニー事業団（プロテスタント系）に対する公的補助金である。この公的補助金は教会系の団体だけでなく、他の民間福祉団体も受け取っている。キリスト教系福祉団体の活動・運営費用のほとんどが税金で賄われている。カリタス会とディアコニー事業団は合計約115万人を雇用しており、国に次いでドイツ第2位の雇用主である。

3つ目は教会が千年以上にわたって蓄積してきた財産である。以前から所有していたものに加え、遺贈や寄付などで恒常的に増大し、不動産、株式、各種事業などで運用されて増殖を続けている。教会の所有財産は税務署の監督を受けることはない。したがって税金をとられることもなく、霧に包まれたままである。そのため「司教の秘密金庫」と呼ばれている。豊かな財政の中で、華美な司教館や豪華な内装の施設を作って物議を醸しだすことが時々ある。

最後の、そして一番やっかいな財源には少なからぬ税金が投入されている。およそ200年も前からある協定により、国、州、市町村は教会に対するさまざまな支払い義務を負っている。教会側に支払うのは主なものだけでも、聖職者の給与と年金、教会建物の維持・管理費用、ミサなど教会が行うさまざまな行事・活動の費用、教会が運営する各種施設（図書館、幼稚園、学校、病院、老人ホームなど）の費用に及ぶ。教会は受け取ったお金の使い道を証明する必要はなく、しかも無税である。一部が「司教の秘密金庫」に流れていると言われている。これに対し、財政難にあえぐ州や市町村は教会への莫大な支払いを削減しようとしている。ただ、これはなかなか思うようにいかない。この支払い義務は基本法（憲法）でも定められているし、教会側の同意なしには協定の変更も廃止もできない。教会側にこの交渉に応じる気配はない。仮に交渉がまとまったとしても、権利放棄の補償として多額の一時金を求められる可能性が高く、州や市町村をしり込みさせている。

4番目の財源の起源は19世紀初頭にさかのぼる。当時ヨーロッパ大陸を席巻したナポレオンはドイツもその支配下に置いた。その際、ドイツの領主たちはナポレオンに領地を割譲させられた。

その失った領地の埋め合わせとして、国は教会や修道院が所有する土地、建物、その他の財産を取り上げて領主たちに分け与えた。損害を受けた教会については賠償のための協定が結ばれ、さまざまな形で支払いが行われることになったのである。その後ドイツ帝国、ワイマール共和国、第三帝国、戦後のドイツ連邦共和国、そして統一ドイツへと国家の形態が変わってもこの協定は生き続けている。

教会離れ

教会離れのひとつに世俗化がある。キリスト教会はかつて、人々の日常生活に至るまで社会におけるすべての事柄を決め、絶大な影響力を及ぼしていた。しかし、16世紀の宗教改革、18世紀のフランス革命などを通して、教会の権威や財産は国王や領主といった世俗の権力によって解体されていった。この世俗の権力は教会や修道院の豊かな土地財産を没収したり、転売したりして自らの富と権力を拡大していった。

これと並行して市民の生活面でも世俗化が進んでいった。教会は人々の出生・洗礼から結婚、葬儀・埋葬に至るまで人生のすべてを管理し、逐一登録簿に記録していた。この教会による管理体制を解体するため、18世紀後半あたりから国が住民登録局を設置していった。以来、人生のさまざまな節目にあたって役所に届け出をすると、そこに登録され、必要な時に正式な証明書が発行されるようになったのである。たとえば、役所に結婚を届け出る「民事婚」が正式なものとなり、教会での結婚式は副次的なものへと格下げされた。世俗化は絶大な権力をふるっていた教会に反旗を翻すものだが、このプロセスはいまだ終了していない。

さらに、個人レベルでの教会離れがある。昔は教会のミサに通うのはキリスト教徒の義務とされていて、少なくとも各世帯の家長が常にミサに出席しなくてはならなかった。しかし、宗教改革、世俗化の進展を経て、教会に行くのは次第に形式的なものとなり、教会に背を向ける人の数が増加した。社会的・政治的に大きなうねりがあるたびに教会を脱会する動きが起きている。同時にまた、教会脱会の動きの後にはその反動として教会回帰の大きな波もあった。

第二次大戦後最も大きな脱会の波は、ドイツ再統一の翌年1991年から1993年にかけて起きたものだ。最高潮に達した1992年にはプロテスタント教会で30万人以上、カトリック教会で20万人近くが脱会した。その主な理由は教会税による経済的負担で、脱会者の6割がこれを理由に挙げている。だが、月収3500ユーロ（約45万円）の既婚者で、子どもが2人いる場合、負担額は月12ユーロにすぎず、過大なものとはいいがたい。一般に、経済が不安定になると宗教への関心が高まるといわれているが、ドイツにはあてはまらないようだ。1970年代のオイルショック、再統一前後の混乱、リーマンショックなどに際してはむしろ脱会の波が大きくなっている。

教会を脱会するには、教会税との関連で法的手続きが必要である。税金申告書に記載されている所属宗教の欄を抹消してもらえば、次から教会税が天引きされなくなる。手続きに際して、多くの州で事務手数料の名目で料金を徴収している。これに関連して、「宗教法人」としての教会から脱会はするが、信仰は捨てず、教会への帰属は維持すると主張する人がでてきた。つまり、教会税は支払わないが、信者として教会に残るというのである。これに対して裁判所は、このような切り離しは認められないとの判断を下した。役所で脱会手続きを行えば自動的に信仰を捨てることになるという教会側の主張が認められた。教会は脱会者を破門することができる。

再統一にともない無宗教者の割合がドイツ全体で約3分の1に上昇し、無宗教であることがもはやタブー視されなくなったことで、教会脱会の動きが加速されている側面も見逃せない。また、避妊や中絶問題に対する教会の保守的でかたくなな態度が改めて注目をあびたり、聖職者による児童への性的虐待などのスキャンダルが明るみに出たりするたびに、脱会者が一時的に急増する。米国、アイルランドやドイツなどのヨーロッパ諸国でカトリック神父による未成年者（大半が13歳以下の男子）への性的虐待が次々に明るみに出て、加えて組織ぐるみの隠ぺい疑惑も浮上した。ドイツのある新聞が行ったアンケートでは、カトリック信者の4分の1が脱会を考えていると答えている。しかし、教会が経営している組織や企業で働いている人の場合はそう簡単ではない。教会を脱会するとこれらの人たちは解雇されてしまうからだ。

また、聖職者のなり手も減ってきている。１９６０年代には毎年５００人以上がカトリックの司祭に叙任されていたが、今では１００人を大きく割り込んでいる。プロテスタントのほうでも減少しているとはいえ、それほど深刻ではない。大学の神学部の学生数は１９９０年代に８０００人ほどだったが、最近は２０００人台に落ちてきている。

現在では、教会との関係はむしろ慣習的側面のほうが大きいといえる。人々は慣習的に子どもに洗礼を受けさせ、教会に所属し、結婚式や告別式を教会で行っている。クリスマスにはミサに出席する人が一時的に増えたりする。堅信または堅信礼という儀式が12歳から16歳の間に教会で行われ、教会への所属の意志を本人にあらためて確認することになっているが、一般の信者は少年期の終了を祝うもの、子どもから大人への節目と見ている。キリスト教の祭日の意味を知らない人が増え、キリスト教は魂の救済という精神性よりも、通過儀礼や慣習としての意味あいのほうが強くなっている。一年の重要な行事、人生の節目や祝い事でキリスト教の儀式が必要とされているだけなのかもしれない。

ある調査によれば、神の存在を信じていると答えた人は西部ドイツで50％弱、東部ドイツで約18％しかなく、定期的に教会に行く人はそれぞれ25％と7％にすぎなかった。そして、ドイツ全体で50％を超える人が宗教は人生にとって重要なものではないと答えている。

教会はドイツ第2位の雇用主

カトリックおよびプロテスタント両教会の経営規模はあわせて１２５０億ユーロ（約16兆２５００億円）を超え、ドイツの上場企業トップのフォルクスワーゲン社の売上にほぼ匹敵している。また、教会の福祉団体であるカリタス会とディアコニー事業団は合計約115万人を雇用していて、ドイツ第2位の雇用主である。このほか、両教会はその資産を株式などに投資したり、さまざまな不動産を所有したりしている。このように両教会はその経済力で社会や企業や市場に影響を及ぼすことができるのである。

その一方でカリタス会やディアコニー事業団は事業体として、キリスト教的価値観とは相容れないような労働慣行や経済活動を行っている。派遣会社を経営して通常より低い賃金で働かせていたりする。たとえば、通常の介護士よりもかなり低い賃金で、ポーランド人女性を住み込みの介護人として仲介する事業を行っている。そして、教会系の福祉団体で働く人たちは通常の労働法ではなく、教会を対象とする特別労働法の適用を受けている。したがって、労使交渉、労使協約、スト権、従業員評議会などドイツの労働者に一般的に認められている権利も持っていない。

さらに、教会はその運営する施設（幼稚園、学校、病院、老人ホームなど）を通じて、そこで働く人や施設を利用する人の生活や人生設計にまで関与している。それはカトリック系の施設で特に顕著である。学校に通う子どもたちや病院を利用する患者などにはキリスト教的価値観の尊重を求め、従業員に対してはキリスト教の名のもと厳しい管理を行っている。たとえば、離婚経験のある人、同性愛者あるいは同性愛を支持する人、人工授精など不妊治療を受けている人は採用されないどころか、雇用期間中にこれが明らかになれば解雇されたりもする。地方に行くほど教会が運営する幼稚園、病院、老人ホームの割合が圧倒的に多くなるから、ほかに雇用機会の選択肢がなく、仕方なく教会の方針を受け入れて教会系の施設に就職する人も少なくない。戦後信者が減少する一方で、カトリックとプロテスタントの両教会が運営する施設で働く人の数は、1950年の13万人から115万人超へと増加している。

ところがこのほど、欧州裁判所が、宗派への所属が常に採用の前提条件になるわけではないとの判断を示した。信仰や宗教的信条が仕事に直接関係するかどうかが重要で、直接関係なければ宗派は問えないということだ。たとえば、保育士や幼稚園の先生の場合は個別のケースごとに裁判所の判断にゆだね、清掃要員の採用ではイスラム教徒でも問題ないことになる。

ドイツではカトリック系の団体が全国で420か所の病院を運営し、約16万5000人を雇用している。ここで働く医師や看護師は、避妊、中絶などに関し、カトリック教会の倫理規定に反して診療活動を行ってはならないことになっている。また、離婚が解雇にまで発展したケースがあるカトリック系の病院に勤務する医長が離婚して再婚したところ、病院から解雇されてしまったのだ。カトリックでは結婚は秘蹟のひとつであり、神以外これを解消することができないとして離婚を認めていない。これに違反したので解雇されたのだが、医長はこれを不服として裁判に訴えた。何回かの控訴審、連邦憲法裁判所、欧州裁判所を経て、連邦労働裁判所が解雇は不当という判断を下した。医長の離婚と再婚は解雇に値する服務規則違反に相当しないということだ。この判決後、医長は職場に復帰している。

昔も今も福祉の主役

ドイツには6つの主要な民間福祉団体がある。それは「ドイツ赤十字社」、労働組合系の「労働者福祉団」、カトリック系の「ドイツ・カリタス会」、プロテスタント系の「ディアコニー事業団（社会奉仕団）」、政党や宗派などに関係のない「ドイツ・パリテティッシェ福祉連合会（中立福祉連合会）」、ユダヤ系の「ドイツ・ユダヤ人中央福祉会」である。

ドイツでは中世の昔からキリスト教会が社会福祉活動の中心にあった。国による社会保障制度が確立していなかった中世と近代初期には、教会、修道院、信者団体がさまざまな形で困窮した人々を助けていた。そのなかでも、教会や修道院は「シュピタール」または「ホスピタール」と呼ばれる福祉施設を運営して、社会的弱者の救済事業を行っていた。「シュピタール」とは本来「巡礼の泊まる所」、「疲れた人を休ませる場所」という意味で、聖地への巡礼者たちに無償で一夜の宿と食事を提供する施設として生れた。その財源は主として王侯貴族、高位の聖職者、裕福な市民などからの寄付や遺贈であった。

シュピタールは養老院、病院、孤児院、救貧院が一体となった施設で、修道士や修道女が貧しい人、病人、障害があって働けない人などの世話にあたっていた。400年以上の時を経た今でもなお活動を続けているシュピタールがある。そのひとつがドイツ南部の都市ヴュルツブルクの「ユーリウスシュピタール」である。1576年に当時のユーリウス司教が領地の一部を提供して設立されたもので、現在は近代的な病院と老人ホームになっている。同時に168ヘクタールにおよぶ広大なブドウ畑を所有し、ドイツ最大のワイナリーのひとつに数えられている。このような盤石な経済基盤のおかげで何世紀にもわたり活動を続けてこられたのである。

キリスト教系団体は今も福祉活動の中心的存在で、世論やマスコミの注目度も高く、病院、老人ホーム、介護施設、青少年施設、障害者施設、幼稚園、そして職員研修や指導者養成のための教育施設（アカデミー）などを運営している。また、国外に向けて活発な開発援助も行っている。その施設の中には何百年もの歴史を持つものもあり、今でも寄付金が寄せられ、スタッフやサービスの質の向上に大いに役立っている。ただ、寄付によって支えられているのはほんの一部分であって、運営資金の90％は税金に頼っているという現実もある。

カーニバルの後に復活祭

復活祭《イースター》とクリスマスはキリスト教の最も重要な祭日であり、ドイツ人が心待ちにしている。復活祭はだいたい4月にあるが、これに先立つ40日間はイエス・キリストの受難を思い起こして断食し、懺悔する期間とされている。イスラム教での断食は「ラマダン」と呼ばれ、日本でも時々ニュースで報道されたりするが、キリスト教での断食は現在ではそれほど厳格なものではない。

そして、この長い断食期間の前に行われるのがカーニバルだ。カーニバルとは「肉よさらば」あるいは「肉を断つ」という意味である。断食期間中は肉食を避け、慎み深く生活することになっているので、その前にカーニバルのドンチャン騒ぎをしておくのだ。もともとカトリックのお祭りなのだが、最近ではプロテスタント教会も参加している。

カーニバルの由来はキリスト教以前のゲルマン人の風習にある。長く暗い冬の間に、病気、悪霊、堕落などが降り積もると考えられ、冬が終わるのを待ってこれらを追い払い、自らを浄化するために悪霊をかたどった人形などを燃やしたり、水中に投げ捨てたりした。同時に春の訪れを祝って馬鹿騒ぎをした。だが、この風習はキリスト教の断食節と時期が重なっていたので、カーニバルの馬鹿騒ぎを断食の前に行うようにしたのである。

カーニバルの準備のために、前の年の11月11日11時11分に「カーニバル実行委員会」が設置され、ドイツ人が「第5の季節」と呼ぶカーニバルシーズンが幕開けとなる。2月の「バラの月曜日」(謝肉祭月曜日)のカーニバル本番に向けて人々の雰囲気が高まって行く。日本では、仮面で仮装して大騒ぎをするヴェネチアのカーニバルや、華やかなリオのカーニバルがよく知られているが、ドイツのカーニバルもこれに劣らずにぎやかなものだ。ヴェネチアのように仮面を付けるところもあり、華やかな格好をして町を練り歩く。カーニバルのパレードで特に有名なのはケルンとマインツとデュッセルドルフで、ケルンではドイツ最大規模の1万人以上がパレードに参加する。

いつもはしかめ面のドイツ人もこの時ばかりは満面に笑みを浮かべて大騒ぎをし、1日中浮かれている。カーニバルのパレードには趣向を凝らした飾り付けの山車が続き、山車の上からは中世風の衣装を着けた人々がキャンディや菓子を威勢よくばらまく。沿道の子どもも大人もこの菓子を受け取ろうとはしゃぎまわる。また、山車には時事的話題を風刺して政治家などの人形もよく登場する。パレードを見守る人たちも顔に化粧をほどこして犬や猫にふんするなど、思い思いの扮装をして寒さを吹き飛ばさんばかりに盛り上がる。

カーニバルの喧騒が終わり、これに続く40日間の断食期間が明けると、イエスの復活を祝う復活祭がやってくる。復活祭は3月または4月に金曜日から月曜日まで4日間続く。この4連休の祝日の中でイエス・キリストの処刑に至るまでの受難を想い起こし、その復活を祝う。イエスは金曜日に磔にされ、日曜日に死から復活したとされている。教会では連日ミサが行われ、洗礼式もよくある。キリストの受難と復活を題材とした劇や受難曲（マタイ受難曲やヨハネ受難曲など）が各地で上演される。

復活祭が近づくと町は春の花で飾り付けられていく。商店では色とりどりの卵とともに、ウサギの形をした菓子やチョコレート、ウサギの縫いぐるみなどでショーウィンドーを飾る。ウサギは子どもをたくさん産むことから生命力の象徴とされている。昔はウサギの形をしたパンを持って聖地巡礼に行ったので、これに由来するともいわれている。また、復活祭中は色とりどりに塗られた復活祭の卵（ゆで卵）を食べる。この卵は永遠の生命力の象徴である。庭などに隠してある復活祭の卵を探す行事もあり、子どもたちはこれを楽しみにしている。この時期は帰省して家族で復活祭を過ごすのが普通だ。学校が2週間近く休みになるので家族旅行をすることもある。

ハロウィンと墓参り

キリスト教では新しい年は11月末または12月初めの待降節第1日曜日から始まる。1年の終わりにあたって、亡くなった人たちを追悼する行事が行われる。

11月1日は「万聖節」とされ、ドイツのカトリック州では祝日となっている。地域によって多少の違いはあるが、この日には墓参りをして花（アスターや菊など）を供えたり、お墓に永遠の光を放つとされるロウソクをともしたりする。また、ミサに参加するなどして静かに故人に思いをはせる。ダンスパーティや騒々しい音楽をともなう集まりを禁じているところもある。

この背景にはキリスト教でいう「煉獄」の考え方がある。死者の魂は煉獄の業火に焼かれて浄められた後に、天国へと昇っていくと信じられていた。罪深い人ほど煉獄で焼かれる期間が長くなるのだが、この世にいる人たちがミサやお祈りや善い行いをすることで故人が煉獄で苦しむ期間が短縮される。そこでこの日、煉獄にいる故人の魂を思いやり、早く天国に行けるよう祈るのである。

プロテスタント教会はこの「煉獄」の考え方はとらず、待降節第1日曜日前の日曜日を「死者の日曜日」（または永遠の日曜日）と定め、亡くなった人すべてを追悼する日としている。やはり身内の墓参りをし、お墓を花やロウソクなどで飾る。もちろん礼拝も行われる。

この11月1日の前日、10月31日が「ハロウィン」にあたる。ハロウィンとは英語で「万聖節の前夜祭（イブ）」という意味である。この習慣はキリスト教化する以前のアイルランドやスコットランドの風習が起源となっている。もともと夏の終わりの収穫祭と関係するようだが、この日には死の国から死者が故郷に帰ってくるので、あたりをうろつく亡霊たちから身を守るため、お供え物をする習慣になったとする説が有力だ。現在では子どもたちが仮装して家々を回り、「お菓子をくれないとイタズラするぞ」と言ってお菓子をもらい歩いている。

19世紀にアイルランドやスコットランドからの移民がアメリカにこの習慣を持ち込み、アメリカで独自の発展をして現在のような宗教色の薄い、商業化したものとなり、ヨーロッパ大陸に逆輸入された。ドイツでも１９９０年代終わりからアメリカ流のハロウィンが急速に広まった。なお、10月31日は16世紀にルターによる宗教改革が始まった日とされ、ドイツのプロテスタント州では祝日となっている。

待降節には慈善活動

クリスマスはキリストの誕生を祝う祝日なのだが、12月25日に生まれたという根拠ははっきりしていない。もともとは太陽神の生誕日として古代ローマ帝国の祝日であったのが、４世紀ごろからこの日をキリストの誕生日として祝うようになった。この世に光をもたらしたイエス・キリストと太陽神とが同一視された結果だといわれている。

クリスマスに先立つ4週間は「待降節」と呼ばれ、キリストの生誕を待ち望み、クリスマスを準備する期間とされる。この時期がドイツで一番華やぐ季節といえるかもしれない。キリスト降誕の様子を再現したジオラマ（ドイツ語で「クリッペ」）が教会やショーウィンドーに飾られるほか、各地にクリスマスマーケットという青空市場が立ち、クリスマスの買い物でにぎわう。

各家庭ではモミの小枝などで編んだクリスマス・リースを作り、これにロウソクを4本立て、4回ある待降節日曜日ごとにロウソクに順々に火をともしてゆき、最後の日曜日に4本すべてに火をつける。教会では日曜日ごとに特別な待降節ミサが行われる。

クリスマスマーケットはこの時期の風物詩となっている。ツリーの飾り付けやロウソクなどクリスマス用品を売る屋台が広場に並ぶほか、この時期に欠かせない「グリューワイン」や「ライベクーヘン」の屋台もある。グリューワインは日本でも「ホットワイン」と呼ばれているが、シナモン、果汁、ラム酒、赤ワインを混ぜ合わせて日本酒の熱燗のように暖めた飲み物である。厳しい寒さの中でこれを飲むと身体も心も暖まり、クリスマスの買い物に活力を与えてくれる。ライベクーヘンはハッシュドポテトに似た食べ物だ。「クーヘン」とはドイツ語でケーキのことで、ジャガイモとタマネキをすりおろし、小麦粉と混ぜて厚手のパンケーキにして油で揚げたものである。揚げたてを食べるとタマネギの香ばしさが口いっぱいに広がる。これにアップルソースをつける人もいる。

待降節の時期は商店、飲食店、ホテル業界にとって1年で最も重要な書き入れ時である。飲食店や

キリスト降誕の場面を再現したジオラマ（クリッペ）

ホテルでは企業のクリスマスパーティが頻繁に行われ、商店はクリスマスプレゼントを買い求める客でごった返す。商店の中にはこの時期に年間売り上げの50％近くを記録するところも少なくない。

キリストの説いた隣人愛を実践するという意味合いから、クリスマスの頃には慈善活動が盛んになる。町が華やぎ、家族が楽しくしているなかで、1人寂しくクリスマスを迎える人たちのことを思い、孤児院などの施設や病院、ホームレスの人々などを贈り物を持って訪問したり、クリスマスパーティに招待して一緒に過ごしたりすることがよくある。教会のクリスマスミサでは、普段は倹約している人でも気前よく多額の献金をしたりする。ドイツでは一年を通して寄付の4分の1が12月に行われている。あるプロテスタント系支援団体では、年間の寄付金の3分の2が待降節の時期のものだという。寄付は税制面でも優遇されている。

教会、宗教団体、公益施設などへの寄付の場合、総収入の20％まで所得税申告の際に寄付金控除の対象となる。税金の高いドイツにあってそのメリットは大きい。

クリスマスとその後の喧騒

クリスマスといってドイツ人が思い浮かべるものは、まず家族団欒のクリスマスパーティ、次にクリスマスプレゼント、そしてクリスマスツリーである。クリスマスは家族のお祭りであり、普段離れて暮らしている家族がこの時だけは実家に集まり、特別なご馳走（詰め物をしたガチョウや七面鳥のロースト、あるいは鯉を一尾丸ごと煮込んだものなど）を食べ、互いにプレゼントを渡す。昔は庶民は新鮮な肉をなかなか食べることができず、お祭りの時だけ家で飼っているアヒル、ニワトリ、ガチョウなどを料理して食べていた。このような伝統からガチョウや七面鳥がクリスマスのご馳走として食べられているのである。

クリスマスプレゼントの風習は、サンタクロースのモデルとなった聖ニコラウスの日（12月6日）の行事に由来する。聖ニコラウスは4世紀ごろに実在した司教で、特に子どもたちの守護聖人としてヨーロッパ全域で信仰の対象となっている。12月6日に聖ニコラウスがよいことをした子どもにはご褒美を、悪いことをした子どもには罰を与えるとされていた。サンタクロースの赤い服はキリスト教の司教服がもとになっている。宗教改革者ルターがこの行事をクリスマスに行うよう提唱したことで12月24日の行事となった。それでも、12月6日に子どもたちにクリスマスプレゼントを渡す習慣が残っているところもある。

クリスマスプレゼントとして人気があるのは書籍、玩具、衣服、商品券・ギフトカードなのだが、受け取る側が贈ってほしいと思っているのは現金、書籍、商品券・ギフトカードの順になっている。4割近い人たちが10月または11月にすでにプレゼントを用意している。プレゼント出費は1人当たり300ユーロ弱（約3万9000円）となっている。普段あまり買い物をしない倹約家の人たちでさえ、自分や家族のために以前からほしいと思っていたものを買い込む。そして、用意したプレゼントはいったんツリーの根元に積み上げておき、クリスマスになって家族がそろったところで一緒に開ける。

クリスマスツリーは「楽園の樹」を意味し、常緑樹のモミの木は衰えることのない生命のシンボルである。「楽園の樹」にはいつも果実がなっていて、つらい仕事をせずとも手を伸ばせばいつでもおいしい食べ物が手に入るという、楽園のイメージに由来するとされている。それでツリーにリンゴやクルミやクッキーを付ける習慣となった。ツリーに付けるロウソクは、聖書にあるようにイエスとともにこの世にもたらされた神の光を象徴し、暗闇を追い払うものとされている。この時期に街を華やかに飾るイルミネーションも同じ意味を持っている。

クリスマスツリーを飾る習慣はもともとドイツで始まり、世界に広まっていった。だがドイツで一般的になったのは19世紀後半のことである。12月24日にツリーの飾り付けをして聖夜（クリスマスイブ）を迎える家庭が多い。戦後ドイツの初代首相となったアデナウアーは、第二次大戦後の物不足の中でクリスマスツリーが買えず、ツリーのないクリスマスを過ごしたことが人生で最もつらい出来事のひとつであったと回想している。

プレゼントを買い求める騒ぎがおさまり、クリスマスの静かな祝日がすぎるやいなや、大騒ぎが2つ同時にやってくる。ひとつはプレゼントにもらった現金・ギフトカードを手に買い物にやってくる人の波、もうひとつはプレゼントの返品や交換を求める人たちの波。

クリスマスプレゼントの第1位は現金・ギフトカードであり、これがプレゼントの5分の1を占めると推定されている。それで、クリスマスの休日が明けて商店が営業を始めると、買い物客が押し寄せてくるのだ。この買い物の波はお正月まで続く。クリスマス休日明けの最初の営業日である12月27日は、小売店にとって1年で最も売り上げの多い日となる。オンラインショッピングも急増してはいるが、実店舗で買い物をする人はまだまだ多い。

この人の波はプレゼントの返品や交換にやってくる人たちの波でさらに増幅される。プレゼントが気に入らなかった人たちが、別の物と換えてもらうために商店に押し寄せてくるのだ。色や模様が気に入らなかったり、サイズが合わなかったり、もっと別の物がほしかったりと理由はさまざま。クリスマスを過ぎると、プレゼントの返品や交換の方法をアドバイスする記事が毎年のように新聞をにぎわす。ある統計によると、クリスマスプレゼントの約4分の1が大晦日までに返品されるという。法的には商品が不良品でない限り商店には交換に応じる義務はない。しかし実際には、客がレシートと一緒に商品を持ってくれば、交換に応じるところが少なくない。

ただ、返品・交換のためにはプレゼントをしてくれた人から領収書をもらわなくてはならないので、相手を傷つけることにもなりなかなか難しいものだ。それでも結構ドライにレシートを求める人はいる。「レシートを」と言いづらい人たちは、こっそりネットオークションに出品したりする。プレゼントが開けられるクリスマスイブからすでに、この種のオークションが活発になるようだ。さらに、プレゼントに不満を持つ人たちの交換会ができたりもする。

3. 社会福祉国家

社会的市場経済

ドイツの憲法である基本法には、「ドイツ連邦共和国は、民主的かつ社会的な連邦国家である」と明記されている。このようにドイツは社会福祉国家を基本理念としている。ドイツ人は自国経済を誇りを持って「社会的市場経済」と呼んでいる。第二次世界大戦後、のちに首相にまでなった経済大臣ルートヴィヒ・エアハルトが経済効率と社会的公正が実現される社会的市場経済を提唱し、強力に推進した。西ドイツはその後、米国のマーシャルプラン（欧州経済復興計画）の支援もあって、あの有名な「経済の奇跡」を成し遂げた。

社会的市場経済とは、自由と競争による市場経済一辺倒ではなく、国が政策を通じて市場経済による弊害を防止・除去して、社会的公平と社会福祉をも実現しようとする経済の形態である。経済的繁栄だけでなく、自由と公平と連帯に基づく民主的な社会福祉国家の建設を目指す。社会福祉を実現するための資金はこの経済システムを通して供給され、社会保障や教育制度の拡充、社会性に重点をおいた経済施策などが実現されてゆく。政権が代わってもこの原則は維持されている。

ドイツは連帯と自己責任を基本とする社会保障制度を拡充し、社会的公平の実現を目標としてきた。社会福祉国家とは単なる慈善国家ではなく、社会的公正に基づく体制であるから、そこには「ギブ・アンド・テイク」の原則が生きている。自分が得たものの一部を社会のために提供する、そうすることで必要な時には給付を請求する権利が生じる。社会保険給付は「お恵み」とか「憐れみ」として与えられるのではなく、正当な権利に基づいて請求し受け取るものである。たとえば年金は、長年にわたって保険料を納め、社会に貢献してきたことに対する応分の報酬である。

社会保障制度は税金と社会保険加入者が支払う保険料を財源としている。ドイツは日本に比べて所得税、付加価値税（消費税）などの税率や社会保険料は高い水準にあり、所得税と社会保険料の総額が税込み給与の40％にまで達し、ＯＥＣＤ加盟国中ベルギーに次いで第2位となっている。日本は22・3％、米国は26％で、ＯＥＣＤ平均は25・5％である。ドイツでは一般に、労働をして収入を得た人は税金（所得税）のほかに社会保険料を払うのが当然とされている。だから、納税をしない「もぐりの仕事」が摘発されるたびに、脱税額ばかりでなく社会保険料収入にいかに深刻な影響があったかが強調される。

社会保険では世界をリード

ドイツは社会保障の分野で世界をリードしてきた。１８８３年から世界に先駆けて社会保険を順次導入した。これは当時のドイツ帝国宰相ビスマルクが中心となって行った改革の成果である。この改革は画期的なもので、当時の先進国の英国やフランスにも社会保険はなかった。

19世紀後半、工業化に伴って人口が都市に集中し、貧困は拡大の一途をたどっていた。都市の貧困問題はあまりにも深刻で、飢餓や社会不安が革命の温床になるのではと危惧されていた。ビスマルク首相は社会主義者鎮圧法で労働者の政治活動や労働運動を抑圧する一方で、社会保険の創設によって大衆の貧困を和らげ、労働者の国家への忠誠心を呼び起こそうとした。帝国議会での白熱した議論の結果、医療保険が１８８３年に、労災保険が１８８４年に、そして年金保険が１８８９年に導入された。社会保険の4本目の柱「失業保険」がドイツで導入されたのは１９２７年のことである。だが、失業保険に関してドイツは先駆者ではなかった。１９１１年に英国がすでに導入していたのだった。

そして、１９９５年にはやはり世界に先駆けて、公的介護保険が社会保険の5本目の柱として誕生した。19世紀以来、病気、事故・災害、老齢、そして失業という人生における重大なリスクに対処するため100年以上にわたって社会保険を整備してきたが、112年目にして「要介護状態」への備えが社会保険として加わったのである。ドイツを手本として社会保険制度を整備してきた日本は、やはりドイツにならって2000年に介護保険を導入した。

社会保険はもともと国内での保険給付を想定して構築されたものである。しかし国際化の進展とともに外国を訪れたり、外国で働いたりするドイツ人が増加し、国境を越えた保険給付が一段と求められるようになった。このような背景から、EU内なら国内同様に保険給付が受けられるよう法制度の整備が進められている。さらにEUに加盟していない国々とはこれに準じる協定を結んで、保険給付が確保されるようにしている。日本とは長い交渉の末、2000年に日独社会保障協定（年金保険協定）が結ばれた。これにより、双方の国での年金保険加入期間が認められ、合算されるようになった。

医療保険：自己負担ほとんどなし

公的医療保険制度は基本的に日本と大差はない。日本の健康保険制度はドイツを手本にして作られたからだ。保険に加入すれば本人だけでなく、働いていない配偶者と子どもも一緒に加入する。治療に際しては一部のものを除いて自己負担はない。一定の所得額までの人は医療保険に加入する義務があり、これを超える人は任意に加入することになる。官吏（一部の公務員）は公的医療保険に加入する義務はない。

ドイツ国民の90％近く、約７３００万人が公的医療保険に加入している。残りの人たちは、民間の医療保険に加入していたり（約４４０万人）、加入義務のない官吏のように費用補助制度でカバーされていたり（約４３６万人）する。全人口の０・３％が何の医療保険にも入っていない。大学生は保険料が低く抑えられた学生用の医療保険に入る。外国人の学生も同様で、滞在許可（ビザ）更新の際に保険加入証明書の提出を求められる。

医療保険を運営している機関（保険者）は疾病金庫と呼ばれている。保険料率は疾病金庫ごとに違っているので、保険料率や提供するサービス内容などを比較検討してから、どの疾病金庫に加入するか決めることができる。ただし、基本サービスは法律で定められており、加入先によって不公平にならないようにしている。基本保険料率は14・6％となっていて、これを労使で折半する。年金生活者の場合は年金保険が半分を負担してくれる。疾病金庫の財政状態によって追加保険料を上乗せすることができるので、ここで疾病金庫間に保険料の違いが出てくる。目下のところ追加保険料率の平均は１・１％である。この上乗せ分については現在使用者側の負担はなく、働いている人だけが負担しているが、将来的には労使折半となる。

ドイツの医者は一般に日本の医者よりも丁寧だ。患者が診察室に入ってくると、立ち上がって握手をして迎え入れ、顔を見ながら話を聞き、診察をする。そして、病状や対処法を丁寧に説明してくれる。ただ、ドイツ人より小柄な日本人に対しても同じ容量の薬を処方することがある。指示通りに飲むと、日本人には量が多すぎて体に変調をきたす場合がある。ドイツではいきなり大病院に行くのではなく、まず「ホームドクター」と呼ばれるかかりつけの開業医のもとで診察を受ける。診察の結果、必要な場合にはホームドクターが専門医や大学病院などを紹介してくれる。

年金保険：国民年金制度はない

公的年金保険制度は「世代間の契約」または「世代間の連帯」として、ドイツでは国民の間に定着している。現役世代が引退世代の年金を支払い、現役世代は自分の年金を子どもたちの世代に期待するというシステムである。これを賦課方式という。

一定額までの収入を得ている人は年金保険に強制的に加入させられる。保険料率は18・6％で、これを労使で折半する。官吏（公務員の一部）は年金保険には加入せず、退職後国または州から恩給を受け取る。通常の老齢年金を受給するには5年以上年金保険に加入していることが必要だ。受給開始年齢は満65歳であったが、２０１２年から段階的に引き上げられていて、２０３１年からは67歳受給開始となる。

年金額は収入を反映した払込保険料額と加入期間によって決まる。収入が多くて長期に加入していれば、それに比例して年金をたくさんもらえる。女性の場合は男性に比べて平均賃金が低いうえ、出産・育児などで年金加入期間（つまり働いている期間）が短くなるので年金額は低くなる。

日本には基礎年金制度があって、専業主婦でも年金保険に加入し、後に自分の年金を受け取ることができる。これに対しドイツにはこのような制度はない。したがって専業主婦である妻には基本的に自分の年金がなく、夫の年金だけで老後を過ごすことになる。ただし離婚した場合は、結婚期間に応じて年金を2人で分割することができる。

公的年金保険に45年加入し、その間常に平均的給与をもらっていた場合の年金額、つまり標準年金額は西部ドイツで月1441ユーロ（約18万7000円）、東部ドイツで1381ユーロとなっている。一方、実際に受け取っている年金額の統計上の中央値は西部ドイツの男性が約1095ユーロ、女性が約622ユーロであり、東部ドイツでは男性が約1198ユーロ、女性が928ユーロとなっている。東部ドイツ地域のほうが男女とも年金保険加入期間が長いので、年金額が高くなっている。特に女性の場合は東のほうが平均13年も長い。しかも再統一前までは、東部ドイツ地域では男女賃金格差が西よりもかなり小さく、男性並みに稼いでいた。

ドイツの年金は3つの柱で支えられている。それは公的年金、リースター年金（個人向け確定拠出型年金）、企業年金である。公的年金だけでは足りないので、ほかの2本の柱が必要になるのだ。リースターとはこの年金制度導入を推進した当時の労働社会大臣の名前である。リースター年金は任意加入の制度で、公的年金保険加入者とその配偶者が国の補助金を受け、保険商品（年金保険など）や投資信託などを契約して自前の年金を作り、公的年金の不足分を自助努力で補完するためのものである。会社側の負担はなく、あくまでも個人ベースで行うものだから、経済的余裕のある人しかできない。企業年金は会社が独自に定めているもので、条件や年金額が企業ごとに違う。手厚いところもあれば、ほとんどないところもある。さらに、職場を頻繁に変えると給付額に悪影響を及ぼすことになる。なお、ドイツには日本のような退職金制度はない。

日本と同様に年金財政は膨らむ一方で、財政の安定化に関する議論が絶えない。保険料率は１９５０年に10％だったのが、70年代にはもう現在の水準に近い18％に達した。その後一時19％にまで上昇したが、２０１３年以降は失業者が減って保険料収入が増えたため18％台で推移している。１９７０年代に比べ平均寿命が10年以上伸びて年金支出が増えたにもかかわらず、保険料率はあまり変わっていない。１９９２年には保険料収入で年金支払い支出の92・２％をカバーできていたが、２０１７年にはこれが84％にまで落ち込んだ。足りない分は税金で埋め合わせる。さらに、少子高齢化の進展にともない、現役世代の２・９人が年金生活者１人を支えている計算だ。

保険料を引き上げて現役世代の負担を増大させるのか、あるいは年金額をおさえて年金世代に不自由を強いるのか、それとも負担増大と年金額抑制とのバランスをうまく取りながら絶妙な着地点を見つけられるのか、極めて難しい問題である。年金財政安定化のため、現在は加入していない官吏や自営業者も公的年金制度に組み入れるべきだとする議論がある。それは同時に、公的年金より高水準の官吏の恩給制度を廃止することであり、官民格差や不公平感の是正にもつながる。

介護保険：介護士が足りない

ドイツの公的介護保険は、肉体的・精神的な病気および障害のために日常生活において継続的に援助を必要とする人を対象としているので、日本の制度と違って、若い人たちも加入しなくてはならない。同時に、年齢に関係なく、要介護状態にある人は保険給付を受けることができる。在宅介護の場合には現金給付もあり、実際の介護サービスを受ける現物給付とこの現金給付とを組み合わせることもできる。

家庭で介護をしている人に対する援助も手厚い。介護期間中は介護保険が介護をする人の年金保険料を肩代わりして支払い、将来年金を受け取れるようにしている。さらに、介護をする人が一時的に休暇を取ってリフレッシュできるよう、休暇期間中にプロの介護士に介護を委託するための費用を介護保険が負担している。

公的介護保険の運営機関は日本のように市町村ではなく、医療保険を運営する疾病金庫である。保険料率は3・05%で、これを労使で折半する。年金受給者の場合、当初は年金保険機関が半分を負担していたが、法律が改正されて２００４年から年金受給者が保険料を全額支払うようになった。また、２００５年からは負担の公平の観点のもと、子どものいない65歳未満の加入者は０・25%を上乗せした保険料を払っている。

２０１７年に介護保険の大幅な改革が行われた。在宅介護への給付を拡充し、要介護度認定の評価基準を全面的に改定した。従来までは介護に要する時間が基準だったが、改革後は日常生活における自立度を基準とし、認知障害にも手厚く配慮し、要介護度を3段階から5段階へと拡大してきめ細かく対応するようになった。

介護分野での大きな問題のひとつが介護士不足だ。要介護者は現在３４０万人いるが、２０３５年には４００万人を超えるとされている。これに対し、現在介護士は約4万人、看護師は約７万人不足していて、２０３０年には介護士だけで20万人が不足すると見積もられている。現役の介護士たちは、自らの仕事は社会にとって意義があり重要だという意識を持ってはいるが、給与の低さ、長時間労働、肉体的・精神的負担には不満を漏らしており、介護士のなり手がいないのが実情だ。

失業率が劇的に改善

２００２年から当時のシュレーダー政権が戦後最大規模ともいえる労働市場改革を次々に打ち出した。この改革の中で失業救済金と生活保護とが統合され、「失業手当Ⅱ」が創設された。それまで失業者は、12か月の失業手当受給期間を過ぎてもなお失業状態にある場合、失業手当を減額した失業救済金を引き続き受け取っていた。当時は1年以上失業状態にある長期失業者が３００万人を超え、これら失業者に対する手厚い支援が国の財政を圧迫していた。こうしたなかで、失業救済金がかえって長期失業者を生み出す原因とされていた。

そこで政府は失業救済金と生活保護とを統合して、求職活動と生活保護をリンクさせた。さまざまな特例を廃止して労働局から紹介された仕事を拒否できなくし、求職に積極的でないと認められた場合には手当を減額できるようにした。一連の労働市場改革により一時的雇用や派遣労働など非正規雇用が増加し、格差の拡大へとつながっていった。

生活保護を受けていた人が失業手当Ⅱを申請することで、地方自治体の財政負担が大幅に減っていった。地方自治体が負担していた生活保護費が国庫負担の手当に付け替えられたのである。多くの自治体で生活保護受給者の大半が労働能力ありとされて、失業手当Ⅱの受給対象者に仕立て上げられた。

失業手当Ⅱ導入後、失業者数が２００５年2月に５２１万人、失業率14％に達し、戦後最悪を記録した。ヒトラーが台頭した１９３０年代初頭の世界恐慌直後の水準に並んだのである。その後は失業者数は落ち着きを見せ、２００５年末に４５０万人台となった。そして、リーマンショックにより一時的に上昇したものの、景気回復により順調に減少し、現在は失業者数２４０万人弱、失業率５・３％へと落ちている。

医者が足りない

ドイツでは診察の予約が取りにくくなっている。すでに書いたように、病気の時はまずホームドクターなどかかりつけの医院で診察を受け、必要な場合に医者の紹介状を持って専門医や大病院に行く。この専門医での予約が取れるまで何週間も待たされるのである。公的医療保険の加入者の場合、34%が3週間以上待たされるのだが、民間の医療保険加入者だとその割合は18%になる。民間の医療保険加入者を診察したほうが診療報酬が高くなるからだ。さらに、町の医院や大病院も混雑していてなかなか診てもらえないので、安直な方法として、本人が直接または救急車で病院の救急センターに押しかけて来るケースが増えている。3件のうち2件が緊急性のないものだという。そのため救急センターの医師や看護師はすでに能力の限界に達している。

政府のほうでも、開業医の診察時間を拡大し、専門医には予約なしで診察を受け付ける時間を義務づけるなど対策に乗り出している。加えて、開業医が患者に専門医の予約を取ってあげたり、専門医が新たな患者や予約なしの患者を受け付けたりしたら追加報酬を受けられるようにもした。これらの措置の効果のほどは不透明だ。

この問題の背景には医師不足がある。開業医は地域医療において重要な役割を果たしているのだが、最近そのなり手がどんどん減少してきている。仕事とプライベートな時間とがはっきり線引きできる勤務医と違い、開業医はいわば24時間体制の仕事であるから、医学部の学生の間でも人気がない。若い開業医が増えないのに加えて、現役の開業医が高齢化している。経済状況が思わしくない旧東ドイツ地域の状況は特に深刻だ。定年で辞めた開業医の医院を引き継ぐ医師がいないため、現役の開業医にそのしわ寄せがきている。東部ドイツ地域のホームドクターは、西部ドイツ地域と比べて診察する患者の数が8％も多く、1週間の労働時間が60時間を超えている。これらの開業医が将来定年を迎えて行けば、旧東ドイツ地域では無医地域がどんどん拡大していくのではないかと懸念されている。政府も対策に乗り出し、開業医奨励のためにボーナスを出せるようにしたり、地域に保健医療センターを作って勤務医として働ける機会を増やそうとしたりしている。また、東部ドイツ地域の自治体も新たに開業しようとする人に対し、別荘を提供したり、医院改装費用を負担したり、一定の収入を保証したりとあの手この手で開業医を呼び込もうとしている。さらに、病院の勤務医の場合でも、仕事の環境がよく、ドイツより高収入が期待できる英国、オランダ、スカンジナビア諸国などに移住する人が増加している。

ドイツでの医師不足を手っ取り早く解消するため、給与水準の低いブルガリアやルーマニアの医師を呼び込んで埋め合わせる動きも出ている。するとこんどは、これらの国々で医者が不足してくるというドミノ現象が起きている。

医師だけでなく、看護師も足りていない。約7万人が不足しているとされている。人員不足により現役看護師の負担が増大し、看護の質の低下につながっていく。看護師1人当たりの患者数はドイツが13人であるのに対し、スペインで12・6人、スウェーデンで7・7人、オランダで6・9人、米国で5・3人となっている。ここでも外国人で不足を補おうとしている。多くの病院で移民または隣国から通勤する外国人看護師が働いている。

徴兵制と社会福祉

ドイツは1956年に徴兵制を導入し、18歳の男子に兵役義務を課していた。だが、基本法（憲法）により良心に基づく徴兵拒否が認められていた。拒否した場合、軍隊以外の場所で勤務をすることになる。これは非軍事役務または代替役務と呼ばれていた。

代替役務を認められた人は指定された病院、介護・福祉施設、環境保護施設などで働く。代替役務従事者はピーク時で年間13万6000人ほどいた。この人たちは安価な若い労働力であり、介護施設では重要な戦力となっていて、ドイツの社会福祉を支えるひとつの柱であった。

ところが2011年に徴兵制が停止され、連邦国防軍は志願制の軍隊となった。これとともに代替役務も消滅した。その空白を補うべく新たにボランティア奉仕制度が発足した。男女、老若を問わず社会福祉、文化、教育の分野で1年間ボランティア活動を行う制度で、小遣いとして月最高390ユーロ（約5万円）まで受け取る。報酬額が低いにもかかわらず関心度は高く、参加者は増え続けている。現在4万1000人強が活動している。このほかに、以前からある社会福祉ボランティアと環境保護ボランティアにも合計約5万8000人が参加している。これは27歳までの男女が参加するもので、参加者はやはり増加傾向にある。

これらのボランティア活動はかつての代替役務の活動分野をほぼカバーし、参加者の性別や年齢層が拡大されてはいるが、人的規模に関しては代替役務にまだまだおよばず、その空白を埋めるまでには至っていない。

少子高齢化が進む

ドイツはイタリア、スウェーデンと並んで、少子高齢化のスピードがＥＵ内でもっとも速いとされている。平均寿命は男性78・３歳、女性83・２歳である。65歳以上の高齢者の割合（高齢化率）は約21％で、ＥＵ加盟国の平均値19・２％を上回っている。ちなみに日本は27％強。

出生率は２０１２年から上昇を続け、２０１６年には１９７２年以来最も高い１・59を記録し、その後も高い水準を保っている。その主な理由は、戦後のベビーブーム世代の子ども世代と孫世代が出産可能年齢にあることと、移民の増加にともなう出生数の上昇にある。特に２０１５年と２０１６年にシリア、アフガニスタン、イラクなどから大量の難民がやってきており、その人たちが子どもを産んだのである。

ドイツで生まれた子どものほぼ４分の１が外国人女性を母親としている。ドイツ人女性の出生率が１・46であるのに対し、ドイツ在住の外国人女性の場合は２・28となっている。ＥＵ加盟国全体の平均出生率は１・６、トップはフランスの１・92、最下位はスペイン、イタリアの１・34となっている。

また、出産する女性の年齢が上がってきている。初出産の年齢はEU平均で29・1歳であるが、ドイツでは29・6歳、一番年齢が高いのはイタリア人女性で31・1歳となっている。東ヨーロッパでは若くして子どもを産む傾向にあり、ブルガリアは26・1歳と一番若く、ルーマニアが26・5歳でこれに続いている。ドイツでも移民第1世代は若くして子どもを産み、多産傾向にあるが、第2世代以降になると現地に順応するのか、初出産年齢が高くなり、出産する子どもの数が減少して、ドイツ人と同じ傾向を示すようになる。

このように一時的に出生率が上昇するものの、長期的にはドイツの人口が減少していくという見通しに変わりはない。出生率が1・4で推移し、平均寿命が今後も伸びていくという前提で試算すると、移民が流入してきたとしても2060年までに人口は7000万人前後になってしまうということだ。ハンブルク州とブレーメン州を除く西部ドイツでは2020年代初めまでは人口が1%から2%ほど増えるものの、その後は減少に転じ、2060年には5500万人前後になる。ベルリン州を除く東部ドイツでは2060年には900万人にまで落ち込むと予想される。これに対し、ハンブルク州やベルリン州などの大都市圏では人口が増加して、2060年には合計で590万人から640万人となる。別の分析では、ドイツの人口減少を食い止めるには、年間50万人以上の移民受け入れが必要とのことだ。

人口減少とともに高齢化も進んでいく。15歳から64歳までの現役世代の割合は、現在の61%から2030年には54%に下がると予測される。この落ち込み方は先進工業国の中で最も激しい。高齢化率は西部ドイツではゆっくりと上昇し２０６０年に30％を超える程度だが、東部ドイツでは現在の25％弱から２０３０年にすでに33％へと上昇すると見込まれている。

老後貧困のリスク

健康で経済的余裕のある年金世代は「ベストエージャー」（最良の世代）と呼ばれている。以前の世代に比べ活動的で、旅行の回数が増え、旅先で気前よく出費する。子どもや孫にもお金を使う。企業はこの世代をターゲットに商品開発やサービスの提供を行っている。

その一方でバラ色ではない現実がある。年金受給者の２人に１人が月額８００ユーロ（約10万４０００円）以下の年金を受け取っている。これから税金、社会保険料、公共料金、家賃などを引いたら、生活費はあまり残らない。生活費の不足分は貯金を取り崩したり、小遣い稼ぎのアルバイトで補ったりしなくてはならない。日本のような退職金制度はない。

年金世代では女性の31％、男性の28％が仕事をしている。さらに女性の９％、男性の14％が仕事をしたいと思っている。仕事をしている理由は主として、「社会とのつながりを保つため」、「働くのが楽しいから」となっていて、「お金のため」はトップ３に入ってはいない。65歳から69歳の年齢層に限っていえば、働いている人の数がこの10年間で２倍以上増加した。

老後貧困がいま議論の的になっている。年金受給者のうち約17％（約３００万人）が貧困リスクにあるとされている。この数字はＥＵ加盟国内では真ん中あたりで、フランスでは7％となっている。老後貧困のリスクが高い人たちは年金額の低い人たち、つまりシングルマザー、長期失業者、非正規労働者である。年金世代の約３％が生活保護の受給者である。生活保護を受けるのを恥じて申請しない人たちも少なくないので、実際に給付を必要としている人はかなりの数に上ると思われる。ただ、老後貧困が本当に深刻な問題となるのは、ベビーブーム世代が年金世代となる２０３０年以降だとされていて、貧困リスクが20％を超えると見込まれている。

これに対して、老後貧困を騒ぎすぎだと批判する人もいる。子どもの貧困問題のほうが深刻で、生活保護に頼る子どもの比率は15％に上り、年金世代よりもずっと高い。この問題に早く対処しないと長く将来にまで響くと警告している。

少ない年金でもやりくりできるよう、国外に移住する年金生活者もいる。移住先はおもに物価の安い東南アジアやブルガリアなどの東ヨーロッパである。言葉や習慣が違っても、わずかな年金で人間らしい生活ができるとして、外国を終の住処に選ぶ人が増えている。東ヨーロッパのＥＵ加盟国なら移住に問題はなく、年金は現地の口座でも全額振り込まれ、医療保険はドイツのものが適用される。税金はドイツに収めるのだが、基礎控除や扶養控除は適用されないので収入全額が課税対象となる。

拡大する格差

労働市場改革、グローバル化の進展などにより、ドイツでも富の不公平な分配、収入格差が拡大している。世帯別の所得状況を比較するとより鮮明になってくる。世帯収入から税金、社会保険料、生活に必要な費用（公共料金、食費、家賃など）を差し引いた後、どのくらいお金が手元に残っているかというと、現役の官吏（公務員の一部）世帯で約２４５０ユーロ（約32万円）、ホワイトカラー世帯で約１７５０ユーロ、ブルーカラー世帯で約１２２０ユーロ、失業者世帯にいたっては約３４０ユーロしかない。さらに、引退世帯では年金または恩給のほか、配当や利子、雑収入などが収入としてあるが、毎月手元に残るお金は年金世帯で平均約８７０ユーロであるのに対し、恩給を受け取る元官吏の世帯では現役時代とほとんど変わらない。官吏は年金保険に加入せず、保険料を払い込まなかったのに、引退後も同じ生活水準を保つことができる。

ドイツは２０１５年に全国一律の法定最低賃金を導入した。ヨーロッパでは最低賃金を導入している国は少なくないが、それまでドイツにはこの制度がなかった。最低賃金に限らず、賃金に関しては労使による自主決定権が優先されていた。賃金は労使交渉で決まるものであり、政府が口出しすることはできなかった。しかし、非正規雇用の拡大などで賃金格差が著しくなってきたため、低所得層への対策として全国統一の最低賃金を政府が決めることになった。労働組合は歴史的な一歩として評価しているが、長年守ってきた労働組合の大事な権利の一部を放棄する格好になった。法定最低賃金導入の裏には、外国人労働者流入による賃金ダンピングを防止する狙いもある。

法定最低賃金は導入当初８・５ユーロ（約１１００円）だったが、定期的に引き上げられて現在約9・2ユーロとなっている。これは世界的にみても第4位の高さにあり、最も高いのはオーストラリアの約12ユーロ、続くルクセンブルクもほぼ同じ水準で、3位のフランスは約10ユーロである。日本は第6位に入っている。

格差の拡大には、有期雇用、パートタイム（週労働時間20時間未満）、派遣労働、ミニジョブ（僅少労働）といった非正規雇用の増加が深くかかわっている。このなかで、ドイツの特徴的な現象にミニジョブの拡大がある。ミニジョブとは月給が450ユーロ（約5万8000円）以下の仕事のことで、所得税と社会保険料の労働者負担分が免除される。ただ、将来の年金を確保したい場合は、給与の3・9％を労働者負担分保険料として支払う。雇用機会の拡大を目指して、2003年にミニジョブに関する規制（週労働時間の上限、最低時給など）が撤廃されてから急速に増え、非正規雇用拡大につながった。

ミニジョブ労働者は2003年以降増え続け、今では約750万人に上る。このうち61％がミニジョブを専業としている。専業ミニジョブ労働者は主として女性で、特に離婚した女性が多く、これで生計を立てている。複数のミニジョブをかけもちしている人も少なくない。副業として行っているのは男性が多く、たいていは専門資格を持っていて、税金などを支払わずに副収入を得たい人たちだ。以前はこの種の届け出をしない「もぐりの仕事」が横行していたが、ミニジョブ制度の導入後は大っぴらにできるようになった。ミニジョブの大きな問題は、これを専業として続けていくと将来極めて低い年金額しか受け取れないことだ。僅少労働従事者の多くが女性であるから、女性の老後貧困が爆発的に増えることになる。

失業すると生活に困窮する可能性が高くなるが、ドイツはヨーロッパの中で失業による貧困リスクが最も高い。この貧困リスクはドイツが約71％で突出しており、２位のブルガリアは約55％である。ブルガリアはドイツより経済力が格段に弱いが、貧困リスクはそれほどでもない。貧困におちいる可能性が最も低いのがフィンランド（約37％）、次いでフランス（約38％）である。

困窮している人たちを支援するため、ボランティア団体が各地で食料品配給所を運営している。おもにスーパーなどから消費期限切れ間近の食品の提供を受け、無料またはごくわずかの料金で配っている。料金を受け取っているのは、施しを受けているという惨めな思いを利用者にさせないためだ。１９９３年にベルリンで始まったこの活動は食品廃棄防止と社会的弱者支援とを兼ねていて、全国で約６万人のボランティアが参加している。配給所は全国に９５０か所近くあり、約１５０万人がこれを利用していて、その数は増え続けている。都市部での利用者が特に多い。これを見ても、都市には貧困に直面する人が多いことがわかる。さらに、急増した難民がこの配給所を利用するようになり、高齢者などと奪い合いになることも起きた。これに対し、外国人を締め出す配給所も現れて物議をかもしている。

4. 多民族国家

5人に1人が移民系

ドイツはいわゆる単一民族の国ではない。歴史の中でさまざまな国・地域からたくさんの人が移住してきた。それをはっきり示す統計がある。ドイツ連邦統計局によれば、人口約8250万人（外国人も含む）のうち「移民の背景を持つ」人は約1860万人、全人口の約23％となっている。「移民の背景を持つ」とは、外国人のほか、1950年以降にドイツに移住してきた人とその子孫、さらに少なくとも両親のどちらかが移民または外国人である人たちのことである。

ドイツは現在は移民受入国となっているが、歴史的にみれば飢饉や不況などからドイツ人が国外へと移住していく大きな波が何度もあった。当初は東ヨーロッパやロシアへの移住が盛んだった。東方への領土拡大を目指し、10世紀頃から絶えずこれらの地域に国民を送り出していた。

1815年からはアメリカ大陸など海外への移住者が増加した。大量失業の解決策のひとつとして国が海外移民を奨励したのだった。経済的苦境からの脱出と社会的成功を求めて、ドイツ人が次々に新天地アメリカへと移住していった。1816年からの100年間に約550万人が米国にわたっている。そして現在では、移民の国米国でドイツ系が第1位を占めるまでになった。2010年の米国の国勢調査によれば、５０００万人以上の人がドイツ系だとされている。アメリカ人の６人に１人がドイツ系という計算になる。トランプ大統領もドイツ系で、先祖はドイツ南西部のプファルツ地方の出身だ。

外国人は１０００万人以上

最新の統計によれば、ドイツに居住する外国人が１０００万人を超えた。外国人の数は１９９０年に５００万人を超え、２０１４年には全人口の10％超にまでふくれあがった。そして、２０１５年以降はシリアなどから大量の難民が流入して、１０００万人台になった。最近はＥＵ加盟国出身者が増加傾向にあり、ＥＵ加盟国出身者とそうでない人たちの割合はほぼ半々となっている。

ドイツではあわせて約１９０か国の人が暮らしているが、ドイツ人の11％が外国人が多すぎると感じている。出身国別ではトルコ人が１４８万人、ポーランド人86万人、シリア人75万人、イタリア人64万人、ルーマニア人70万人となっている。ルーマニアはＥＵ加盟国だが、ドイツとの生活水準の差が大きく、よりよい生活を求めて移住してくる人が増えている。ポーランドについても同じようなことがいえる。ドイツと国境を接しているぶんより来やすくなっている。英国、フランス、スペインなどと違い、ドイツには植民地があまりなかったので、この関連での移民や外国人はほとんどいない。

2011年頃まではトルコ人の比率が圧倒的に高かったが、中東やアフリカ出身者が大幅に増えたうえ、トルコ人を中心に二重国籍が認められたため、現在では外国人としてのトルコ人の割合が低くなっている。ちなみに、トルコ人またはトルコ系ドイツ人とされる人たちは合計で約300万人いる。ベルリンには特にたくさんのトルコ人またはトルコ系住民が住んでおり、イスタンブール、アンカラに次いでトルコ第3の都市とまでいわれている。

ドイツ人と移民系住民（外国人も含む）との大きな違いはその年齢構成にある。ドイツ人の年齢構成の中央値が約46歳であるのに対し、移民系住民では約35歳となっている。外国人や移民系の人たちはおもに旧西ドイツ地域とベルリンに住んでいて、都市部ほどその割合が高くなる。

外国人労働者の受け入れ

戦後の経済成長期に人手不足に悩んでいた西ドイツは、1955年からイタリア、スペイン、ギリシャ、トルコなどと労働者募集に関する条約を結び、外国人労働者を受け入れ始めた。受け入れ数は当初たいしたものではなかった。というのも、当時の東ドイツから大量の移住者を受け入れていたからだ。しかし、1961年に東ドイツは国民の流出を防ぐためベルリンの壁を建設し、国境を閉じてしまった。1949年から1961年までの間に約380万人が東ドイツから西ドイツに移り住んだ。国内の政治的状況が厳しかったばかりでなく、成長が続く西ドイツで給料のいい仕事につき、西側で自由で豊かな生活を送ることにあこがれて移住してきたのである。

ベルリンの壁建設以降、西ドイツは外国人労働者を本格的に受け入れることになった。１９６４年には１００万人目の外国人労働者（ポルトガル人）が入国し、歓迎の記念品としてバイクが贈られたりした。西ドイツ在住の外国人は１９６１年から１９６７年までの間に約69万人から約１８０万人へと増加した。その後、オイルショックによる景気後退を受けて、外国人労働者募集は１９７３年に停止された。

これらの外国人労働者は「ガストアルバイター」（ゲスト労働者）と呼ばれ、ドイツの成長を支えるために招かれた人たちだった。ベルトコンベアーでの単純作業、製鉄所や鉱山での仕事など、ドイツ人の嫌がる単調で、危険で、きつく、賃金の低い仕事をして、ドイツの経済成長を文字通り底辺から支えた。外国人労働者は男性の単純労働者が主体で、雇用契約は有期のものだった。いわば「出稼ぎ」とみられていて、高度成長が終わり、人手不足が解消されたら、故国に帰るものと考えられていた。ところが、ドイツでの生活が安定してくると、豊かなドイツに家族を呼び寄せたり、結婚して家庭をきずいたりするようになった。

１９７０年代西ドイツは景気後退期に入り、失業率が上昇していった。外国人労働者の失業率はもっと高かったのだが、外国人がドイツ人の雇用を奪っているという主張がくり返されるようになった。だが、外国人労働者のように賃金の低い仕事をするドイツ人はいないのが実情だった。政府は、外国人労働者に帰国を促す措置の一環として、まとまった金額の帰国支度金を支給したり、払い込んだ年金保険料を全額返還したりして外国人の数を減らそうとした。この措置の効果なのか、1973年時点で250万人いた外国人労働者が1985年には160万人にまで減少した。しかし、この減少分と同じくらいの数の人たちが家族呼び寄せでドイツに移住してきた。だからドイツ国内の外国人の総数にほとんど変化はなかったのである。21世紀になっても、雇用が悪化したら外国人を帰国させるべきだと考えている人が30％近くいる。

東ドイツも同じように、労働力不足から1978年にキューバ、モザンビーク、ベトナムなど社会主義諸国と協定を結んで外国人労働者を受け入れた。その数はドイツ再統一の前年、1989年時点で約19万人となっていた。そして、再統一を機にほとんどの外国人労働者が解雇された。この人たちの本国が帰国受け入れを拒んだので、不安定な身分のまま東部ドイツに残留せざるをえなくなったが、1993年になってようやく人道的措置として在留が認められた。それまでの間、旧東ドイツ地域で急増したネオナチの標的となり、暴力やさまざまな嫌がらせを受けたりした。

外国人労働者は未熟練労働者が多く、低賃金の仕事をしてきたので受け取る年金額は低い。トルコ系元外国人労働者が受け取る年金額は平均でドイツ人の67％程度である。老後の貧困リスクはドイツ人の4倍以上高くなっている。

政治難民受け入れは国是

戦後西ドイツは過去への反省をこめて、そして、ナチスの迫害からのがれていったドイツ人を諸外国が亡命者として受け入れてくれたという事実をふまえて、政治的に迫害された人々の受け入れを基本法（憲法）に明記した。

１９７０年代あたりまでは主として共産圏の東欧諸国からの亡命者を想定していたから、難民申請をする人はあまりいなかった。１９５３年から１９７９年までの間は難民申請者数が年間平均８６００人程度だったが、１９９０年代になって難民の数が爆発的に増加した。冷戦終結、旧ユーゴスラビアでの内戦と民族浄化、トルコのクルド人居住地域での対立激化などでドイツに流入する人たちが増えたのだ。１９９２年には43万８０００人が難民申請するまでになった。この数字は当時の西ヨーロッパ全体で難民申請した人の80％にあたる。

しかし、この人たちはドイツの多くの地域で歓迎されなかった。旧東ドイツ地域を中心に外国人に対する反感が広まり、ネオナチの若者による暴力の標的になったり、一部地元住民が難民受入れ施設を襲撃・放火したりした。ドイツで長年暮らしていた外国人の家が放火され、犠牲者がでる事件さえ起きた。１９９０年代半ばになって難民の数が大幅に減少すると、外国人に対する暴力行為もようやく下火になった。

シェンゲン協定が１９９５年に実施され、難民受け入れが厳格化されたおかげで、難民認定申請者数が急速に減りはじめた。１９９８年に10万人を割り、２００８年には2万人にまで落ちた。シェンゲン協定にはヨーロッパの大多数の国が加盟している。この協定は、加盟国間の国境管理を廃止して自由に簡単に国境を行き来できるようにすると同時に、入国に関する法律を統一化するものである。そのためドイツは難民受け入れに関する規定を他国同様に厳しくしなければならなかった。これに合わせて、政治難民の無条件受け入れを明記していた基本法（憲法）も改正された。具体的には、安全な国を経由してドイツに来た人は政治難民と認めない、迫害のない安全な国のリストを作成し、リストにある国から来た人には亡命を認めない、有効な入国書類（パスポートやビザなど）を持たない人を乗せてきた場合、航空会社に罰金を払わせるというものだ。冷戦終結以来ドイツを取り囲むのは安全な友好国のみだから、ドイツに亡命するには、有効な入国書類を持って本国から直行便の飛行機でドイツに来るか、本国にあるドイツ大使館にかけこむしか方法がない。

１９５３年から２０１４年までの間に合計約３２０万人がドイツで難民申請をした。このうち２００万人が１９９０年以降の申請であり、その大半が１９９０年代前半のものである。しかし、これらの人たちがすべて難民と認められたわけではない。東欧からの難民が主眼だったころは申請の80％以上が認められていたが、１９９０年代に政治難民と認定されたのは３％から７％程度にすぎない。多くはドイツの豊かさにひかれてやってきたいわゆる「経済難民」と考えられる。

記憶に新しいように、シリア情勢の悪化にともない大量の難民が生まれた。これにアフガニスタンやイラクなどからの難民も加わり、バルカン半島を経由してヨーロッパを目指す人が爆発的に増加した。メルケル首相がこれらの難民の受け入れを表明したため、途中の国々を素通りしてドイツに押し寄せてきた。ドイツに入国した人の数は２０１５年だけで１１０万人に達した。難民申請数も急上昇し、2016年に約74万6000件を記録したが、2017年に約22万3000件に減って鎮静化にむかった。ドイツに入国した人たちの中には、さらにスカンジナビア諸国などにむかった人たちもいた。

これとは別枠の難民受け入れがある。戦争や迫害などで一時的に大量の難民が発生した時の解決手段として、各国が難民受け入れ枠を特別に設定することがある。人道的見地から短期間に一定数の難民を受け入れるものだ。通常の難民申請と違い、入国と同時にビザが発給され、労働許可がおりる。ドイツは1970年代終わりからこの方式での難民受け入れを開始した。最初の受け入れはベトナム難民、いわゆる「ボートピープル」で、4万人がドイツにやってきた。その後も特別枠でイラク、シリアなどからの難民を受け入れた。

だが、数の上でなんといっても多いのが旧ソ連諸国出身のユダヤ人である。冷戦終結後、政治的・経済的に不安定となった旧ソ連で多くのユダヤ系住民が難民となった。ドイツはこの人たちを積極的に受け入れることにしたが、この決定の背景にはナチス政権時代にユダヤ人を迫害し、虐殺を行ったという過去への反省がある。ドイツは1945年以前に生まれたユダヤ系の人たちを一括して、ナチスによる迫害の犠牲者と認めていた。ロシアでは歴史の中で国民の不満をそらすために、ユダヤ人を標的にした大規模な迫害や虐殺がくり返し行われた。組織的迫害や大虐殺を「ポグロム」と呼ぶが、これはもともとロシア語である。ソ連となってからもユダヤ系住民への差別や迫害は続いていて、「鉄のカーテン」が取り払われるとソ連を脱出するユダヤ人が急増したのである。

この特別枠の難民受け入れで2006年までに合計約22万5000人のユダヤ人がドイツに入国した。特に2003年から2005年までにドイツが受け入れたユダヤ系難民の数は、イスラエルの受け入れ人数を上回るほどだった。ドイツに入国したあと、さらに他の国へ移住していく人たちもいた。

ドイツ国籍を取得するユダヤ人

深刻化する中東情勢を背景に、2000年秋頃からドイツ国籍を申請するイスラエル人が急増した。その数は年間約7000人、2000年以降で合計7万人以上に達した。ドイツ国籍を持つイスラエル人は10万人以上いると推計されている。

ドイツの基本法(憲法)では、ナチス体制下で政治・人種・宗教上の理由から国籍を剥奪された人とその子孫にドイツ国籍の回復を認めている。その際現在の国籍を放棄する必要はない。今はイスラエル国民となっている、かつてのユダヤ系ドイツ人とその家族がこの条項にもとづいてドイツ国籍を取得しているのである。ただ、ここで申請しているのは主として、ナチスによるユダヤ人大虐殺(ホロコースト)を生き延びた人たちではなく、その子どもや孫たちである。ナチスの迫害を直接経験した人たちの中には、二度とドイツの地を踏みたくないと考えている人が少なくない。

ホロコーストを生き延びた人たちの子孫にしても、すぐにでもドイツに移り住もうとしているのではない。イスラエルに住み続けるのであるが、中東紛争が激化して戦争にでもなった時に備えて、避難先を確保しておこうという一種の保険のようなものだ。さらにはドイツのパスポートはとても重宝だ。イスラエル人の入国を認めていない国にも問題なく行くことができるし、EU加盟国ではビザなしで入国・居住・就労できるなど利点が多い。

ドイツの隣国オーストリアにも同様の規定がある。オーストリアは1938年にナチス・ドイツに併合されてからユダヤ系住民を迫害し、その国籍をはく奪した。オーストリア国籍を持つイスラエル人は6000人程度とされている。

最近では、英国でドイツ国籍を回復しようとする動きが出始めている。第二次大戦前夜にユダヤ系ドイツ人が英国にたくさん逃れてきた。その子孫たちが英国のEU離脱決定にともない不安を増大させ、ドイツ国籍も取得しておこうとしている。離脱決定後、EU加盟国出身者など外国人に対する反感が増大したのに加え、英国でも反ユダヤ主義が広がりを見せ、ユダヤ系住民は不安を感じている。さらに、離脱に反対したユダヤ系住民の一部がヨーロッパ大陸とのつながりを維持し、EU市民でいたいとの思いからドイツ国籍を「回復」しようとしている。

ユダヤ系に限らず、全般にドイツ国籍を取得する英国人が急増している。2015年にドイツ国籍を取得した英国人は622人だったが、2016年に約2900人、翌2017年には約7500人へと大幅に増えた。反対に、英国国籍を取得するドイツ人も増えている。英国在住のドイツ人が、英国のEU離脱後も問題なく生活し、働き続けられるよう国籍を変えているのだ。

旧ソ連諸国からの移民

１９９０年のドイツ再統一と冷戦終結をうけて、旧共産圏の東欧と旧ソ連諸国からドイツ系住民が大量に「帰国」してきた。この人たちの祖先は数百年も前に移住していったので、ドイツ系と認められる要素がほとんどなかった。ドイツ語もわからず、文化や生活習慣がまったく違う人たちだから、外国人の移民とほとんど同じだった。それにもかかわらず、ドイツ系であることが証明されれば、家族を含めて無条件にドイツ人として入国が認められ、住宅、生活資金、年金受給資格が与えられた。ドイツ人の証明として重要な根拠となったのは教会の洗礼記録である。この記録をたどって行けば祖先がドイツ系であったことが証明できる。「帰国移住者」に対するこのような優遇措置に、ドイツ人住民の間に反感や妬みが生まれ、各地で摩擦が起きた。

事の起こりは冷戦時代に東側に向けておこなった約束にある。戦後西ドイツは、東ヨーロッパの旧領土に残留し、ナチスの生き残りとして差別や迫害を受けていたドイツ系の人たちを無条件に西ドイツ国民として受け入れ、生活を保障すると東側に向けて発表した。冷戦時代にあって、これには政治的な意図もあった。これに答えて多数のドイツ系住民が移り住むようになれば、西側の経済的優越を示す格好の宣伝材料となるからだ。ただ、当時の東欧の共産主義諸国では移動の自由がなかったので、実際に移住してくる人の数は知れていた。

ところが、ベルリンの壁崩壊、冷戦終結、ソ連解体、共産圏諸国での政治と経済の混乱により状況は一変した。東側に「取り残された」ドイツ人を念頭に置いていたはずの約束を頼りに、ドイツ系移民の子孫たちが東欧や旧ソ連諸国から経済的に豊かな祖先の国へと大挙して押し寄せてきた。この人たちの祖先はおもに17～18世紀に植民していったドイツ人である。

入国した人の数は東欧で民主化の波が起きた1988年からすでに増加していたが、1990年には1年間で約40万人に達した。37％が旧ソ連、33％がポーランド、28％がルーマニアからやってきた。旧ソ連地域からの移住者はその後も増え続け、1994年には帰国移住者の95・6％を占めるまでになった。しかし1994年を境に減りはじめ、2006年には1万人以下となった。帰国移住者の数が急速に減ったのは、年間の受け入れ数が制限されたのに加えて、1997年からドイツ語能力試験が導入されたためである。さらに、2005年からはドイツ系の本人だけでなく、その配偶者や子どもにもドイツ語試験が義務づけられるようになった。

結局、1950年から2014年までに「帰国移住」した人は合計で450万人、そのうち今もドイツで暮らしているのは320万人だ。旧ソ連地域から140万人、ポーランドから57万人、ルーマニアから21万人が移住してきた。ただ、ドイツに帰国移住してきた人の数は実際はもっと多いと考えられている。この統計はサンプル調査をもとにした推計値であるうえ、あくまでも自己申告によるものだからである。2002年のロシアの国勢調査によれば、国内になお60万人近いドイツ系住民がいるという。

難民危機と「歓迎の文化」

２０１５年に、シリアなどの紛争地域から大量の難民がヨーロッパに押し寄せてくる難民危機が起きた。この時、メルケル首相が難民受け入れを表明したことから、大量の難民がいわゆるバルカンルートを通ってドイツにやってきた。難民が到着するミュンヘン中央駅には多数の市民が集まり、歓声と拍手で出迎え、プレゼントを手渡したりした。長く苦難な道のりで疲れ切っていた難民たちは温かい出迎えに接し、自分たちは皆に歓迎されているのだと感じたことだろう。難民がたどり着いたほかの町でも同様の光景が見られた。この人たちを助けるため、寄付や支援物資が全国から届き、多くの人たちがボランティアをかってでた。自宅の空き部屋に難民家族を泊めさせる人もいた。ドイツでの熱狂ぶりは際立ったもので、連日マスコミで報道された。ドイツ人は口々にこの国には歓迎の文化があるのだと誇らしげに語っていた。

難民の到着は連日続き、すでに50万人が入国したとか、最終的には１００万人に達するだろうとかいわれていた。受け入れ施設が不足し、一時的な施設として調達されるトレーラーハウスが高騰を続け、人口数千人の町に受け入れ施設ができて百人単位の難民がやってきたり、子どもたちを受け入れた幼稚園や学校では教室や教師が足りなくなったりした。難民認定を行う役所には難民申請者が殺到し、審査結果を何か月も、時には一年以上も待つ状態が続いた。難民審査官が不足し、１

人の審査官が何千件も扱っている状態だった。態勢ができていないまま難民を大量に受け入れた結果、各地でさまざまな問題が発生した。やがて、当初の熱狂は冷め、ボランティアや寄付なども減っていき、難民に対する社会の雰囲気は冷めたものへと変化していった。

また、ドイツ内外で、難民としてあるいは難民を装って入国した者によるテロ事件が続発した。警察は警戒を続けており、人々はテロの不安を日常的に感じている。反移民・反イスラムを主張するグループが各地でデモを行い、メルケル首相の移民政策を繰り返し批判している。さらには、難民が暴力をふるわれたり、受け入れ施設やこれに予定されていた建物が襲撃されたりもした。

２０１５年の「難民危機」以降、さまざまな難民対策が打ち出された。まず、年間に受け入れる難民の数を20万人前後に設定し、難民の家族呼び寄せも制限している。そして、難民審査を迅速化したうえで、認定されなかった人の国外退去または自発的帰国を促進することにしている。

難民申請件数は２０１６年の74万６０００件をピークに、翌２０１７年は約22万３０００件、２０１８年は約16万件と減り続けている。申請者を国別にみると、約26％がシリア人、約10％がイラク人、約９％がナイジェリア人、約６％がトルコ人となっている。難民申請のうち認められたのは約35％。国外退去処分となった人は約23万５０００人いて、このうち半分が難民申請を却下された人である。残りの半分はビザが切れたので出国を求められている人だ。だが、実際に国外退去となったのは１割ほどに過ぎない。パスポートがなくて出身国がわからなかったり、国外退去に同行する専門の係官が足りなかったりなどして、退去を猶予されているケースがほとんどである。

ヨーロッパにやってくる難民のルートは2つある。「バルカンルート」と「地中海ルート」だ。バルカンルートは、トルコ、ギリシャから旧ユーゴスラビア諸国を通り抜け、ハンガリー、オーストリアをへてドイツに至るルート。トルコなど各国が国境管理を厳しくしたので、現在はほぼ閉鎖状態にある。一方、地中海ルートは、北アフリカ沿岸からボートや小舟に乗って、イタリアやスペインを目指すもの。命がけで海を渡ってくるルートだが、このルートでの流入はなお続いている。

どのルートをとるにしても、最初に入国したEU加盟国で難民登録をする。そこで難民認定を待つことになっているのだが、多くの人はとどまることなく、縁故者がいる国、生活しやすい国を目指してドイツなどにやってくる。こうした人たちを最初に難民登録した国に送還しようとしているのだが、なかなかうまくいかない。それでドイツに留まり続ける人が多い。

イスラムとの共存

現在ヨーロッパで暮らすイスラム教徒は、ドイツ、フランス、英国などを中心に約1800万人に上る。文化、習慣、宗教の違いから、ヨーロッパの社会にとってイスラム教徒との共存はなかなか難しいものとなっている。

ヨーロッパ社会とイスラム系住民との摩擦のひとつがベール着用問題である。イスラム教徒の女性の中にはベールで頭部をおおったり、頭からつま先までおおうブルカまたはニブカを着用したりする人がいる。これはイスラム教の聖典コーランの中の記述や預言者ムハンマドの言葉などを根拠にしているといわれている。しかし、これについてはさまざまな解釈が可能で、統一見解があるわけではないらしい。実際、イスラム圏でも意見の相違は大きく、国や宗教権威がベール着用を一律に義務づけたり、あるいは禁止したりすることを疑問視する人は少なくない。

ドイツでは、ベール着用にかかわる論争が１９９８年にバーデン・ヴュルテンベルク州で始まった。教職に応募したあるイスラム教徒の女性が、授業中はベールを着用しないと明言しなかったとして、州政府はこの女性の教師試用任用を拒否した。その理由は、ベールは宗教的シンボルだけでなく、政治的シンボルでもあり、他の文化との融和を拒む意思表示となる、また、教師は公務員であるから憲法に定められた信仰問題における国家の中立性にもそぐわないということだ。この問題は連邦憲法裁判所まで持ち込まれた。同裁判所は、州法にはベール着用禁止を根拠づけるものはないけれど、法律で定めれば着用を禁止することができるという判断を下した。これを受け、大学を含む公立学校において教師のベール着用禁止を法律で定める動きが各州に広がった。

その後もこの論争はおさまらず、ベール着用を認める判決が下されることもあった。キリスト教の修道女が所属する修道会の服を着て公立学校で授業をするのは認められているのに、ベールの着用だけ禁止するのは宗教の平等の原則に反するというのが判決の理由である。

オーストリアや英国をはじめとして、ヨーロッパの多くの国々でベール着用は認められている。これに対して、政教分離を厳格に運用しているフランスでは、公立学校における宗教的シンボルの着用を禁じる法律が2004年に施行され、ベール着用は認められていない。さらに、2010年にはブルカなどを公の場で着用することを禁じる法律が成立した。フランスのほか、ベルギーやスペインでもブルカやニブカの着用が禁止されている。ブルカやニブカについては、60%以上のドイツ人が着用禁止に賛成している。与党のキリスト教民主同盟は、裁判、警察の検問、公道での通行に際してブルカやニブカの着用禁止を法律で定めようとしている。

ドイツでは全国の保育園や幼稚園の3分の1はキリスト教系の団体が運営している。イスラム教系の保育施設はほとんどなく、キリスト教系の保育園や幼稚園がイスラム教を含む他宗派・他宗教の子どもの入園も認めている。ただ、キリスト教系の施設に限らず一般に、保育園や幼稚園の現場では食事や祝日の扱いで問題が起きている。たとえば、イスラム教徒は原則的に豚肉を食べず、ハラル食品しか口にしない。さらに、ドイツの祝日は復活祭やクリスマスなどキリスト教にかかわるものが中心なので、他の宗教の子どもたちとの兼ね合いに苦心している。ドイツでは当たり前のクリスマス会やイースターの卵探しなどの行事が実施できなくなっている。

他宗教との習慣の違いから大きな騒動になったこともある。そのひとつが「割礼」をめぐるものである。ユダヤ教徒とイスラム教徒には割礼の慣習がある。割礼とは男児の性器の包皮の一部を切除する儀式で、ユダヤ教では4000年の歴史がある。ところが、2010年にケルンで割礼手術を受けたイスラム教徒の男の子が大量出血し、手術をした医師が起訴されるという事件が起きた。裁判では医師は無罪となったが、割礼自体は傷害罪にあたるとの判断が下された。この判決後、処罰を恐れた医師が割礼手術を拒否するケースが急増した。

この事態にドイツ各地でユダヤ教徒やイスラム教徒から激しい反発が巻き起こった。ベルリンでは宗教の自由を求めて両宗教合同のデモが行われた。一方、割礼禁止を支持する人たちは子どもの人権や自由な意思決定の権利を主張した。政府は割礼を合法化する方向に動き、議会で関連法案が可決され、一定の条件のもとなら割礼は合法ということになった。

だが、これで一件落着というわけにはいかなかった。医学的必要性もないのに子どもの体にメスを入れ、しかも本人が意思表明もできないうちに実行してしまうのは子どもの人権を著しく侵害しているとして、割礼の全面禁止を求める声がなお根強くある。これに便乗するかのように、反イスラム・反ユダヤ勢力が批判を展開し、法律をより厳しくすべきだと主張している。一方、ユダヤ教徒やイスラム教徒のほうでも、この法律ができたことでお墨付きをえたと考える人たちがいて、法律の規定にしたがうことなく従来通りのやり方で割礼を行ったりしている。ユダヤ教やイスラム教にとって宗教的通過儀礼のひとつである割礼が、はたしてヨーロッパ市民社会に受け入れられていくのかきわめて難しい問題である。

反移民の政党

フランスやベルギーを中心に頻発したIS（「イスラム国」）関連のテロ以降、イスラム教徒をテロリストと同一視する偏見が広がりを見せている。フランスやベルギーほどではないにしても、ドイツでもＩＳの思想に感化された移民や難民がテロ事件を起こしている。２０１６年にはベルリンのクリスマスマーケットに大型トラックが突入し、多数の死傷者がでた。犯人は難民をよそおってヨーロッパに入っていた。さらなるテロが起きないよう警察や治安当局が警戒を続けている。

また、ＩＳに加わるため、２０１３年と２０１４年にシリアやイラクにわたったドイツ国籍者が推定１０５０人ほどいる。その大半が移民系のイスラム教信者である。すでにドイツに帰国した者もいるが、そのほかに約２００人の死亡が確認され、現地で生まれた子どもたちを含め約８００人がシリアで拘束されているという。この拘束中のドイツ国籍者の帰国がいま大きな問題となっている。ドイツ人であるから帰国の権利があるのだが、その一方で国内でテロを起こすかもしれない危険人物を受け入れることになるので、この問題の対処に苦慮している。英国はシリアで拘束中の英国人の国籍を剥奪して帰国できないようにしている。そうするとその人は無国籍となり、どこにも行けなくなるので、人権の問題ともからんでくる。

さらに複雑なのはシリアやイラクにわたっていった女性たちとその子どもたちの問題である。彼女たちはＩＳ戦闘員と現地で結婚し子どもをもうけている。この女性たちと子どもたちがドイツに帰国すれば、やはり将来テロを起こす恐れがある。しかし、戦闘員ではないから犯罪を立証することもできず、また信教の自由があるから過激思想の持ち主ということで逮捕するのも難しい。結局一時的に拘束して取り調べ、すぐに釈放することになるのだが、その後は継続的に監視していかなければならない。それには多大な人員と費用が必要になる。

移民の急増とテロ多発を背景に、ヨーロッパ各国でイスラム排斥を声高に主張する政党や団体が勢力を拡大している。ドイツでの反イスラムの急先鋒は「ペギーダ」（Pegida）というグループだ。ペギーダとは「西洋のイスラム化に抗する愛国的欧州人」を意味するドイツ語の略称である。このグループは２０１４年に旧東ドイツ地域のドレスデンで組織され、以来毎週月曜日に反移民・反イスラムのデモを行っている。政治不信、移民・難民政策への不満、シリア難民などの大量流入に対する反発から、この運動はドレスデンをこえてドイツ各地に拡散していった。参加者には高学歴・高収入の人も少なくない。ドレスデンをはじめ旧東ドイツ地域では難民用住宅への放火など暴力的行為がひんぱんに発生しており、ペギーダ運動とのつながりが指摘されている。アンケートでは60％近くがイスラムは脅威だと答えている。また、40％の人が、右翼というレッテルを張られるのを恐れて、難民急増に関して不安や懸念を口にしないようにしているという。まさにペギーダの運動がこれらの人たちの声を代弁し、あからさまな反感や敵意を発信しているようだ。

オーストリア、オランダ、フランスと同様に、ドイツにもポピュリズム政党がある。「ドイツのための選択肢」（ＡｆＤ）という右派政党だ。この党はもともとユーロ危機に際しての債務国救済措置、つまりドイツのお金をギリシャなど債務国の借金返済につぎ込むことへの反発から、保守派知識人を中心にして２０１３年に結成されたものだ。以降、ＥＵへのさまざまな不満を吸収して党勢を拡大し、２０１４年の欧州議会選挙で議席を獲得するまでになった。ユーロ危機が一段落してからは反イスラム・反移民へと舵を切り、ナショナリズムを前面に押し出す政党へと変わっていった。メルケル政権の難民大量受け入れ政策に対する一部国民の不安や不満をうまく取り込み、州議会選挙のたびに躍進し、とうとうすべての州で議席を獲得した。このうち旧東ドイツ地域にある2州では得票率が20％を超え、州議会の第2党となった。

そして、2017年の総選挙では国会で初めて議席を獲得した。それどころか得票率が12・6％に達し、94議席（現在は91議席）を占め、大連立政権下で野党第1党となったのである。AfDの議席獲得は予想されていたが、その躍進ぶりに大きな衝撃が走った。この躍進を支えたのが旧東ドイツ地域での得票だ。この地域に限っていえば、ザクセン州でトップの得票を記録したうえ、そのほかの州でも政権政党であるCDU（キリスト教民主同盟）に続き第2位の票を獲得した。失業率が高く、経済的にも社会的にも低迷している東部ドイツでは、住民たちが政府から見放され、置き去りにされていると感じている。それで、難民にお金を回すより苦境にあるドイツ人を救え、というAfDの主張が支持されるのである。難民や移民による事件が起きるたびに、AfDの得票増につながると警戒されている。与党の中にもAfDに票が流れないように右寄りの政策に傾く政党が現れている。

イスラムの反ユダヤ主義

ナチス政権時代にユダヤ人を迫害し、大量虐殺を行ったという過去への反省から、ドイツはユダヤ人を敵視する主張や行為に対して厳しく対処している。しかし近年、イスラム系移民や難民の間に反ユダヤ的考え方が広がりを見せ、ドイツ社会は対応に苦慮している。

イスラエルとパレスチナの間で衝突や紛争が起きると、ドイツ国内のパレスチナ系移民をはじめイスラム系の人たちが大規模な反イスラエル・デモを行っている。一部の過激な人たちがイスラエルの国旗を燃やしたり、ホロコーストを想起させるシュプレヒコールを叫んだりしている。反ユダヤ主義撲滅が国是のようになっているドイツにあって、これらは許しがたい行為である。イスラエルの国旗の中央に星が描かれているが、これは「ダビデの星」と呼ばれ、ユダヤ人やユダヤ教の象徴となっている。かつてナチス時代にはユダヤ系住民の衣服にダビデの星がつけられ、その住居や商店にはこの星が描かれ、区別され、差別された。だから、ダビデの星が描かれたイスラエルの国旗を燃やすことは反ユダヤ主義的行為とみなされる。

２０１７年に大規模デモがベルリンで行われた時も、イスラエルの国旗が燃やされ、反ユダヤ的シュプレヒコールを叫ぶ人たちがいた。これに対し、メルケル首相をはじめ、法務大臣、州の大臣、与野党の政治家などが即座に声をあげ、これらの行為を断罪した。反ユダヤ的言動は言論の自由とは別物だと明言する人もいた。

反ユダヤ主義が広がる背景にはイスラム系移民や難民の増加がある。小さい時から反ユダヤ的環境の中で育ち、ユダヤ人を拒否するのが当たり前になっている人たちがいる。ドイツに来てからも、モスクで反ユダヤ的な説教を聞かされたり、アラビア語の反ユダヤ的ニュースに接したりしてその思いを強くしていく。加えて、社会への適応がうまくいかず、差別や疎外感を味わっている人たちにとり、反ユダヤ主義は積もり積もった不満のはけ口になっているようだ。これに対しては、成人には融和統合教育の中で、子どもたちには学校の授業の中で、ドイツでは反ユダヤ主義は決して容認されないことをしっかりと教えていく必要があるとされている。

そんななかショッキングな報道があった。ドイツの学校内でユダヤ系の児童がイスラム系の児童からいじめや暴力を受けているという。ベルリンの小学校（基礎学校）ではイスラム教徒の児童がユダヤ人の下級生をいじめ、「イスラムを信じないと殺すぞ」と脅迫していた。同じようなことが大都市を中心に増加する傾向にある。子どもたちは反ユダヤ的感情を持つ親に育てられ、ユダヤ人に敵意を示すことに抵抗を感じていない。ユダヤ人団体は、いじめにあった子どもたちを受け入れるため、ユダヤ人専用の中学校建設を計画している。同じようなギムナジウム（日本の高等学校に相当）はすでにある。

反ユダヤ主義はドイツだけでなく、フランス、英国、ハンガリーなどヨーロッパ全体で広がりを見せている。ユダヤ系住民が路上で汚い言葉を浴びせられたり、日常的に暴力を振るわれたりすることが増えている。これは右翼だけの現象ではなく、左翼にも見られる。ユダヤ系人口がヨーロッパ最大のフランスでは、イスラエルなど国外に移住するユダヤ系住民が増えている。反ユダヤ主義の高まりはイスラム系移民がもたらしたというだけでは説明がつかない。ヨーロッパ社会に根強くある反ユダヤ感情や差別意識が、イスラム系移民に便乗する形で発露したものともいえる。

年間50万人超の移民が必要

少子高齢化が進むドイツでは、人口減少を食い止めるのに年間50万人から60万人の移民を受け入れる必要があるといわれている。

国籍法が2000年に改正され、これまでの血統主義に出生地主義の考え方が加えられた。出生地主義とは、父母の国籍に関係なく、出生地の国の国籍を与えるというものである。この改正にともなって、ドイツで生まれた外国人の子どもに、一定の条件のもと親の国籍に加えてドイツ国籍も認める二重国籍制度が導入された。この改正の主な対象はトルコ出身の外国人労働者の家庭に生まれた子どもたちだった。移民2世たちはドイツで生まれ育ち、ドイツ語を理解し、社会に溶け込んでいる。彼らの特殊な事情を考慮して、親と同じ国籍を持つほかに例外的にドイツ国籍も取れるようにしたのだ。現在ではトルコ系の国会議員やサッカーの代表選手もいる。

2005年には移民法を制定し、高度な資格・能力を持つ人の移住を促進する姿勢を明確にした。産業界には、IT専門家や介護士の不足を背景に、外国人の受け入れ拡大を求める声が根強くある。このような産業界の声、さらには少子化によって将来的に労働人口が減少することなどを踏まえて、移民受け入れをめぐる議論が行われ、雇用市場の需要に応じて移民受け入れ数を調節していくことになった。現在では高度な資格を持った人たち、医師、看護師、技術者などを中心に移民を受け入れている。今後も移民に関する規定が少しずつ緩和され、手続きが簡略化され、対象範囲も広げられて受け入れ拡大の方向に進んでいくだろう。

また、ＥＵ加盟国からの移民も増え続けている。特に、ＥＵ東方拡大によって加盟国となった東ヨーロッパ諸国からの移民が目覚しい。ＥＵ内ではヒト、モノ、カネ、サービスの移動が自由であるから、ビザをとることなく入国し、働くことができる。よりよい職場や生活環境を求めて、たくさんの人たちがドイツに来ている。

２００４年と２００７年に東ヨーロッパ諸国がこぞって加盟した「ＥＵの東方拡大」の際、隣国のポーランドやチェコなど東ヨーロッパの労働者が賃金の高い豊かな国ドイツに押し寄せ、低賃金で働く賃金ダンピング現象が起こり、失業者が急増するのではと懸念されていた。そこで、新規加盟国からの労働者流入を制限するため移行規定がもうけられた。ドイツで働く場合、優先的に取り扱われるものの、従来どおり労働ビザが必要になると決められた。東ヨーロッパからの労働移民の波はとりあえずはドイツを通り過ぎて英国に向かった。英国は寛容な政策をとったので、就労許可が比較的取得しやすかった。ＥＵ拡大後1年の間に新規加盟国10か国から合計約23万人の労働者が英国にやってきたが、そのうち13万人以上がポーランドからだった。こうした外国人労働者急増が英国のＥＵ離脱派の主張を勢いづかせ、国民投票で残留派が敗れる一因ともなった。ドイツの移行規定もすでに期限が切れ、今では「ＥＵ外国人」が多数働いている。最も多いのは隣国ポーランドの人たちで、毎日国境を越えて通勤している人もいる。

多文化共存社会は幻想か

1980年代初めあたりから、「多文化社会」という言葉がドイツで盛んにもてはやされていた。言葉、出自、宗教が違っていても、除外されたり差別されたりすることなく、多様な文化が理想的な形で共存する社会を意味していた。しかし現実は違っていた。移民たちは都市の特定の地区や通り沿いに集中し、ドイツ人住民との住みわけが進行していった。移民たちの中には、ドイツ語を習得せず、ドイツ社会に溶け込もうとしない人たちもいた。全般に、移民の学歴は低く、就業率は低水準で、多くが賃金の低い仕事についていた。教育機会に恵まれず、労働市場を底辺から支える人たちであり、都市の下層市民とみなされていた。多様な文化が共存する社会どころか、地域的・社会的分断が拡大する一方だった。さまざまな文化が溶け合うのではなく、ただ並存するだけの社会でしかなかった。「多文化社会」というのはかけ声にとどまり、現実をおおい隠す見せかけのビジョンとなっていた。そして2004年には、キリスト教民主同盟のメルケル党首（のちの首相）が「多文化社会」は失敗に終わったと断罪した。

2005年の移民法制定を機に、移民をドイツ社会に融和統合させるための政策にようやく本腰を入れた。移民を対象にした融和統合のための講習を導入し、ドイツ語、歴史・文化、法制度などを学べるようにした。社会に溶け込むのを支援する一方で、移民たちに対しては積極的にドイツ社会に融和するよう求めた。ドイツ語習得をそのための重要な一歩と位置付け、ドイツ語講習に参加しなかったりさぼったりして融和統合に積極的でないと判断されると、補助金や給付がカットされることになった。

移民の背景を持つ人が1人でもいる世帯は約620万世帯ある。そのうち56％の家庭でドイツ語が話されている。これに対し家族全員が移民系の場合、ドイツ語を話す世帯は40％、外国語を話している世帯は55％となる。このケースではドイツで生活している年数で大きく違ってくる。ドイツにきて2年未満だとドイツ語を話している世帯は8％しかないが、10年以上になると47％に上昇するのだ。

また、ドイツの法制度や価値観を受け入れることも大切である。たとえば、多数派であるトルコ系の場合、外国人労働者募集でやってきた第1世代は多くが貧しい田舎の出身で、保守的なイスラム教徒であり、家父長的考え方の持ち主である。それで、ドイツで生まれ育った子どもたちに対しても、保守的で権威主義的な考えを押し付ける。女の子を学校に行かせなかったり、行かせたとしても修学旅行や水泳の授業に参加させなかったりすることがある。親の決めた男性と未成年のうちに無理やり結婚させたりもする。移民世帯には、義務教育にしても女性の人権にしても、ドイツの価値観を積極的に受け入れて社会に溶け込む努力が強く求められている。

移民の人たちの70％がドイツでの生活に満足し、65％以上がドイツ社会に適応していると思っている。だが、ドイツ人と移民系の人たちとの間に認識のギャップがあるようだ。ドイツ人とトルコ系住民を対象にした意識調査では、トルコ系の66％がドイツ社会に溶け込んでいるとしているのに対し、そう見ているドイツ人は38％だけだ。教育や職業における機会均等について尋ねると、トルコ系の60％以上が平等ではないとしているが、ドイツ人は反対に50％以上が平等だと答えている。さらに、移民系の人の25％が貧困世帯に暮らしているのに対し、非移民系では約12％にとどまっている。

サッカー代表チームは多民族社会の象徴

１９９０年までドイツ代表は移民や帰化選手を入れない「純粋にドイツ人」のチームだった。この１９９０年あたりからドイツの男子サッカーは低迷期に入り、大きな大会で思うような成果があげられなくなった。２０００年の欧州選手権では1勝もできずにグループリーグ敗退という大惨敗に終わった。これを受けてサッカー界は改革に乗り出し、トレーニング施設などのバックアップ体制や育成システムを拡充し、移民も含めた若い才能を発掘・育成してきた。２０００年以降の帰化選手や移民系選手の増加は低迷期を脱する努力と重なっている。

これらの努力が実り、２００2年のワールドカップ準優勝を皮切りに、ワールドカップでは3位以上の成績をあげられるようになり、ついには２０１４年大会で24年ぶりの、そして統一ドイツとしては初めての優勝を飾った。優勝チームには移民系の選手が6人いた。準決勝までいった２０１6年の欧州選手権では11人に達した。アフリカ系、トルコ系、ポーランドなど東欧系のほか、両親のどちらかが外国人の選手もいた。欧州各国の代表チームも同じような傾向を示し、多民族チームへと変貌してきている。

ドイツでは一般に、サッカーナショナルチームは多文化社会ドイツを反映しており、社会の融和統合の成功例とみられている。ドイツ人のサッカー熱はたいへん高いので、移民に寛容でない人でも、ワールドカップでいい成績をあげるならと目をつぶっているのかもしれない。しかし他の国々同様、右派勢力は声高に異議を唱えている。反ＥＵ・反移民を掲げる右派政党「ドイツのための選択肢」（ＡｆＤ）の副党首（当時）は２０１６年に、「代表チームはもはやドイツのチームではない」という趣旨の発言をしている。

ここにきて「エジルの問題」が移民の融和統合に暗い影を投げかけている。メスト・エジルはトルコ系ドイツ人選手で、代表チームの司令塔としてトップ下でプレーし、２０１４年のワールドカップ優勝の立役者の１人とされていた。ところが、２０１８年ロシア大会でのグループリーグ敗退という大惨敗を受けて、エジルがその張本人にされてしまったのである。大会前、エジルはトルコのエルドワン大統領とツーショット写真を撮られていた。同大統領はトルコ人に人気のエジルを自らの大統領選挙に利用しようとしたのである。人権や報道の自由を無視する強権的政治家としてドイツで非難の的となっていたトルコ大統領との写真は、ドイツのマスコミで大々的に報道され、エジルへの批判が強まっていた。

ワールドカップ後、エジルのドイツへの忠誠心のなさがナショナルチームの結束を弱め、ワールドカップ惨敗を招いたとの批判が渦巻くなか、エジルは足かけ９年におよんだ代表選手から引退すると発表した。その長文の声明の中で、「代表チームが勝てば自分はドイツ人だが、代表チームが敗れると自分は単なる移民でしかない」とエジルは述べている。それまでサッカー代表チームは社会の融和統合の見本ともてはやされ、中でもエジルはその象徴として政治家やマスコミがこぞって称賛していた。エジルの引退はドイツ社会への手厳しい問いかけとなっている。

5．EUの中のドイツ

宿敵との和解が出発点

戦後のドイツにとって最重要課題のひとつが、長年戦争をくり返してきたフランスとの和解であった。20世紀中でも両世界大戦で激しく戦い、第二次大戦ではドイツがフランスを占領した。このような過去の反省にたって、当時のド・ゴール仏大統領とアデナウアー独首相は両国の和解と相互理解に熱心にとりくんだ。

過去の歴史を正しく次世代の子どもたちに継承するために、独仏両国は戦後すぐに歴史教科書に関する対話を始めた。１９６３年には独仏協力条約（エリゼ条約）が締結され、両国の交流に拍車がかかった。青少年の交流も１９６０年代から始まり、両国の青少年が相互に訪問して友好を築き上げてきた。歴史教科書作りのための対話と青少年交流は、ドイツにたびたび侵略されたポーランドとの和解と友好を構築する際のモデルとなった。さらに2019年には、独仏関係のさらなる発展に向けてアーヘン条約が結ばれた。エリゼ条約締結時とは状況が大きく変化してきているので、新しい条約が必要になったのである。このなかで、EUの枠内での協力強化、外交、安全保障、経済、教育などの分野における独仏連携・統合の促進などが定められている。

また、歴代の独仏首脳は毎年頻繁に会い、個人的信頼関係を築いてきた。ミッテラン大統領とコール首相との長年にわたる信頼関係の基礎があったからこそ、フランスはドイツ再統一に理解を示した。

EUの歩みの中にも独仏の和解の歴史が反映されている。出発点となった欧州石炭鉄鋼共同体は、軍拡競争と二度の大戦の土壌となった石炭と鉄鋼を共同で管理するためのものだった。そこには強国ドイツを共同体の枠に取り込んで、もはや戦争を起こさせないようにしようとするフランスの戦略があった。西ドイツも西側の一員になることに積極的で、その軸としてフランスとの和解を進めた。独仏の和解が進むにつれて両国は欧州統合の推進役となり、緊密に連絡しあって戦争のない統一されたヨーロッパを目指している。

フランスのストラスブールに欧州議会が置かれているが、これは誠に象徴的だ。ストラスブールがあるアルザス地方と隣のロレーヌ地方は、肥沃な土地と石炭・鉄鋼などの地下資源に恵まれていたので、歴史的に独仏の領有権争いの的となった。特にアルザス地方（ドイツ語名「エルザス」）は中世以来独仏の間を行ったり来たりしていたが、第二次世界大戦後フランス領となり、現在に至っている。欧州石炭鉄鋼共同体の生みの親、シューマン元仏外相はこのアルザスの出身だ。

過去と向き合う

１９３３年に権力を掌握したヒトラーはユダヤ人に対する迫害を強めていった。第二次大戦が始まるとそれは一層激化し、ユダヤ人の大量虐殺が始まった。国内および占領地域（特にポーランド）に「絶滅収容所」が建設されたが、「アウシュヴィッツ収容所」はその代表的なものだ。ドイツ国内はもちろん、占領された国々に住んでいたおびただしい数のユダヤ人がここに収容され、過酷な生活を強いられ、殺害された。犠牲となったユダヤ人の数は全体で４００万人とも、６００万人ともいわれている。１９３３年当時ドイツに約53万人いたユダヤ人が第二次大戦後には数千人にまで激減してしまった。現在は約20万人のユダヤ系住民がドイツで暮らしている。

ドイツは過去に対する反省から「ナチス」に関しては厳しく対処している。たとえば、ユダヤ人の大量殺戮で知られるアウシュヴィッツ収容所を「捏造」と公言する人は法律で罰せられたり、ナチス式の敬礼（右手を斜め前に突き出す敬礼）、ナチスの象徴のカギ十字（ハーケンクロイツ）などが法律で禁止されたりしている。また、学校の授業、追悼式典、記念碑建立、マスコミの報道などを通じて、過去に対する反省が風化しないよう努力が続けられている。だが、アンケートなどを見ると、これらの努力が実っていないとも思える結果がでている。25％の人がナチス独裁時代にもよいところがあったと考えており、65％がドイツは過去の歴史ゆえに他の国々に対して特別な責任を負っているとは思っていない。43％がかつての強制収容所を訪れたことがないとしている。

ドイツは戦後賠償の一環として、ナチス被害者であるユダヤ人などに対して個人賠償を行ってきた。また、１９５９年から１９６４年にかけて西側12か国と賠償協定を結び、各国ごとに賠償を決めた。ドイツ国内のほか、イスラエルなど協定を結んだ国に対して総額約５００億マルクを支払った。旧東ドイツは共産主義を国是とし、ナチスによるファシズムを克服した国であり、自分たちはむしろナチスの被害者であると主張していたので、東欧に住むユダヤ人被害者への戦後補償にはタッチしてこなかった。一方西ドイツは自分たちだけが全ドイツを代表する国家だとしていたので、西ドイツ成立以前のドイツの行為に対する責任も負うことになったのである。

東欧共産圏が崩壊し、ドイツが再統一されて、旧ソ連や東欧に住むユダヤ人のナチス被害者への補償問題が浮上した。西側在住のユダヤ人は賠償として年金を受け取っているが、同じような境遇にあった東欧の人たちには一時金の受給資格しかない。そこで、統一ドイツは東欧のユダヤ系住民たちも同様の補償が受け取れるよう基金を設立した。

ここにきて賠償金の追加支払いを求める国が次々に現れた。そのひとつがギリシャだ。ギリシャ側の試算では賠償額は約２７９０億ユーロ（約36兆２３００億円）にのぼるという。西ドイツは戦後西側12か国との賠償協定の中で、ギリシャについては1億１５００万マルクを支払った。協定には、定められた賠償額の支払いをもって協定の対象となる事案は最終的に解決される、と明記されている。そして、１９９０年のドイツ統一の際、東西ドイツと旧連合国の米英仏ソが調印した２＋４条約のなかで、統一ドイツとしてさらなる賠償が必要だとはされなかったことから、ドイツは解決済みとの立場をとっている。

そして、ポーランドからも賠償を求める声が上がった。８０００億ユーロともいわれる巨額の賠償支払いを求めている。ポーランドではドイツ占領時代に６００万人が殺害され、うち３００万人がユダヤ系だった。ポーランドはすでに１９５３年にドイツに対する賠償請求権を放棄すると表明しているのだが、ポーランド側は当時はソ連の圧力で仕方なくそういう立場をとったのであり、しかも権利放棄は当時の東ドイツに向けたもので、統一ドイツに対してではないとしている。そのうえで、迫害されたり、強制収容所に収容されたり、身体に障害を受けたり、遺族となったりした人たちへの補償が十分でないとして賠償を要求している。

国旗・国歌とのつきあい方

ドイツの国旗は上から順に黒、赤、黄（ドイツ人は金色という）を並べたものだ。これが国旗に定められたのは１９１９年である。19世紀に対ナポレオン戦争での勝利をきっかけにドイツでは民族意識が一気に高まり、ドイツ民族の統一国家を求める運動が広がっていった。統一運動の中でこの三色旗が民族統一の象徴となり、将来の国旗と目されていた。しかし、１８７１年に成立した初の統一国家ドイツ帝国では、盟主プロイセンの旗を基本にした「黒・白・赤」が国旗と定められた。「黒・赤・黄」が正式に国旗となったのはワイマール共和国になってからのことだ。第二次世界大戦後に建国された東西ドイツでもそれぞれこの三色旗を国旗の基調とし、現在の統一ドイツへと受け継がれている。

一方、ドイツの国歌はヨーゼフ・ハイドンの曲に歌詞をつけたものである。1796年に作られたこの曲は本来は神聖ローマ帝国皇帝をたたえるためのものだった。作詞されたのは民族統一の機運が高まっていた1841年のことである。「ドイツの歌」と呼ばれるこの曲が国歌となったのは、やはりワイマール共和国時代の1922年である。第二次世界大戦後はナチスの「過去」に対する経緯もあり、1949年に西ドイツが成立してからしばらくは国歌がなかった。1952年になってようやくこの曲が国歌に定められ、再統一以降も統一ドイツの国歌となっている。

しかし、その歌詞は内外に議論を巻き起こしてきた。歌詞の1番には「ドイツは世界のすべてに勝る」という一節がある。作詞された当時の統一運動の高揚感を背景に、ドイツ（の統一）は何よりも優先すべきだとの思いを表現したものと考えられている。それが周囲の国々に「世界に冠たるドイツ」と解釈され、ドイツが覇権を握ろうとしていると受けとめられた。このような歴史的経緯、さらにはナチス・ドイツの過去に配慮して、第二次世界大戦後は1番と2番は歌わず、3番のみを歌うものとし、これを国歌とするに至った。3番では「祖国ドイツのために統一と正義と自由を」と歌われている。今では、国旗の三色は統一と自由と民主主義を象徴するとされている。

ドイツ人の国旗や国歌への対応には「過去」の歴史が影を落としている。アンケート調査では、公の場で国歌を歌ったり、国旗を振ったりすると答えた人は30%にすぎない。ドイツ人の国旗や国歌に対する思いは長い間屈折したものだった。ナチス時代の愛国心の高揚などと結び付き、ネガティブなイメージが付きまとっていた。もっともナチス時代の国旗はドイツ帝国時代のものだったり、ハーケンクロイツだったりで、現在の三色旗は直接関係していない。いずれにしても、大っぴらに国旗を掲げたり、国歌を歌ったりすることは控えていた。

そんな複雑な思いに大転換をもたらしたのが、サッカーワールドカップ２００６年大会の自国開催である。開催国ドイツが国旗を打ち振り、国歌を声高に歌えば、他の参加国に愛国心が強すぎると思われはしないかと大会前は危惧されていた。しかしひとたびワールドカップが始まるとドイツ中が熱狂し、いたるところで国旗が振られ、国歌が高らかに歌われたが、外国での受けとめはおおむね好意的で、ドイツの過去と結び付けて批判的に報道されることはなかった。これを機に、ドイツ人は普通に国旗や国歌と付き合えるようになったといわれている。だが現在でも、外国人を敵視する団体が自分たちの主張のために国旗を振りかざしたり、右派組織がＥＵの旗と一線を画すために三色旗をこれ見よがしに掲げたりしている。

ＥＵを支える柱

ドイツはＥＵの前身、欧州石炭鉄鋼共同体創設以来のコアメンバーである。１９５１年から共同体の発展を支え、強力に推進してきた。経済力のあるドイツとフランスが中心となって進めてきたヨーロッパ統合は、戦後70年以上にわたって「戦争のないヨーロッパ」に貢献してきた。20世紀半ばまでのヨーロッパの歴史からすればきわめて稀有なことである。この功績をたたえて２０１２年にＥＵにノーベル平和賞が贈られた。

ＥＵが加盟各国で実施したアンケート調査で、ＥＵの中核をなすものは何かとの問いに、ドイツ人の55％が移動の自由と答えている。ＥＵ平均は49％である。そして、ＥＵの最大の功績として、51％のドイツ人（ＥＵ平均は35％）が戦争のない欧州をあげている。また、ヨーロッパ市民としての意識の高さでは、ドイツはルクセンブルク、スペインに次いで第3位である。加盟国中最下位はＥＵ離脱を決めた英国で、66％が英国人としての意識しか持っていない。

戦後70年以上がたち、戦争を経験し、戦争のないヨーロッパへの切実な思いのもと活動してきた世代が去り、共同体を支えてきた創設理念が風化しつつある。多くの人が生まれてから戦争を経験したことがなく、戦争のないのが常態となっている。その反面、生まれた時からＥＵがあり、ＥＵ内を自由に移動し、気に入ったところに移り住める自由を当然視する世代が育っている。この世代はＥＵという一体性を肌で感じていて、「ＥＵ市民」という意識がお仕着せではなく、自然な形で育っている。このことは英国のＥＵ離脱をめぐる国民投票ではからずも表出した。離脱反対を強硬に主張したのは若者たちだった。ドイツでもＥＵ市民という意識は若者たちの間で最も強い。今後はかつての理念に代わり、ＥＵ市民という意識が欧州統合を支え、人々を結束させていくものと思われる。

統一通貨ユーロと消えたマルク

ＥＵの大原則である移動の自由を支える仕組みのひとつが統一通貨「ユーロ」である。しかしＥＵ加盟国すべてで使われているわけではない。英国、デンマーク、ポーランドなどは導入していない。ユーロ圏に加入するかどうかは各国が独自に決定することができるが、実際に加入するには一定の条件をクリアしないといけない。ギリシャが加入にあたって経済データを粉飾し、基準を満たさないままユーロ圏の一員となり、のちにこれが明るみになってユーロ危機につながった。

ユーロは１９９９年に導入され、フランクフルトに欧州中央銀行（ＥＣＢ）が置かれた。欧州中央銀行は公定歩合などＥＵ共通の通貨・金融政策を決定する。この年をもってユーロはドイツ、フランスなど加盟11か国で先行導入された。当初は帳簿上・為替取引上の通貨としてのみ機能し、２００２年から現金として実際に流通している。

ユーロ圏に入っている国々では同一の通貨が使われているので、入国にあたっていちいち通貨を両替する面倒がない。さらには、同じ通貨で価格が表示されるから、他の国との価格比較が一目瞭然となる。価格はその国の経済状態に応じて形成されるので、同じ商品の値段が国によって違ってくる。ユーロで表示されることでそれが一層鮮明になる。ドイツ車がイタリアでは安く売られていることがすぐわかる。ユーロ導入により国境を越えての商品流通が促進されたり、国内の価格が競争力ある水準に引き下げられたりもする。

ユーロ導入により、ドイツマルクが消えいくことに複雑な思いを寄せる人たちがいた。ドイツ人の間には強いドイツマルクへの愛着は根強く、新しい通貨ユーロが導入されたことには割り切れない気持ちの人たちがまだたくさんいる。47％の人がいまだに買い物の際にユーロ表示をマルクに計算しなおしているという。ユーロの生活のほうが長いはずの18歳から29歳の世代でも5人に1人の割合でいる。このマルクへの思いがはからずも表面化したのが、2012年のユーロ危機の時だった。ギリシャ救済のためユーロ加盟国は莫大な資金を投入した。中でもドイツは突出して多額の支援を求められた。これに対するドイツ国内の反発は強く、ユーロ圏脱退を求める声が高まった。この時行われたアンケートでは、37％がユーロを廃止してマルクを再導入すべきだと答えている。

マルクはドイツの経済成長を背景にして安定した通貨となり、米ドル、英ポンド、スイスフラン、日本円とともに世界をリードする通貨であった。特に東ヨーロッパではマルクに対する信頼感が強く、2002年にユーロに切り替わるまでは基軸通貨のような役目をになっていた地域もある。ユーロへの切り替えの際には、ドイツ連銀の予想をはるかに超える量のマルク紙幣が出てきた。東ヨーロッパの人々が、自国の通貨よりも安定した「国際通貨」の米ドルやドイツマルクを大量に「タンス預金」していたからだといわれている。

国境意識が希薄に

ドイツから隣の国に行くのに、国境で入国審査を受けることはない。だから知らないうちに隣国に入ってしまう。これは直接的にはシェンゲン協定のおかげである。

ＥＵは大原則である移動の自由を実現すべく、欧州統一市場を形成し、関税を撤廃して流通を自由化した。また、ビザや労働許可などをなくし、ＥＵ域内のどこにでも自由に移り住み、働けるようにした。たとえばユーロ危機の時、ギリシャ、スペイン、ポルトガルなどでは経済が深刻な打撃を受け、国内の失業率が上昇し、雇用機会が激減した。そこでこれらの国々から多くの若者たちが働き口を求めて、経済が好調なドイツへと移住してきた。

この移動の自由を促進する措置のひとつがシェンゲン協定である。この協定はルクセンブルクのシェンゲン市でドイツなど5か国が１９９０年に調印した後、加盟国を増やして１９９５年から実施されている。この協定は空港や国境での入国審査を廃止し、自由に相互を移動できるようにするものだ。入国するのにパスポートは必要なく、写真付き身分証だけでよい。加盟国は合計26か国で、うち22か国がＥＵ加盟国であり、ＥＵに入っていない4か国（ノルウェー、アイスランド、スイス、リヒテンシュタイン）も加盟している。シェンゲン協定に参加していないＥＵ加盟国は6か国あり、これらの国では入国審査があるのでパスポートを提示しなくてはならない。

シェンゲン協定は日本人にとってどんな意味があるのだろうか。たとえば、シェンゲン協定圏のドイツ、フランス、イタリアを旅行して周る時、最初に到着したドイツでパスポートを見せ、入国スタンプを押してもらえば、フランスとイタリアでは入国審査なしで入国できる。日本へ帰る時にはイタリアでパスポートを提示すれば問題なく出国できる。シェンゲン協定圏内の移動に際して国境を越えたという認識がない。車で国境を越える時、特にそれを実感する。

ＥＵ加盟国、ユーロ通貨圏、シェンゲン協定加盟国は同一ではなく、複雑に重なり合っていて外国人にはなかなかわかりにくい。ただ少なくとも、ドイツ、フランス、イタリア、オーストリア、ベネルクス三国はすべてに加盟している。

ＥＵ内でのあつれきと反ＥＵ

6か国で始まった欧州統合を目指した共同体は、加盟国数が目減りすることなく増加の一途をたどり、28か国にまで拡大した。英国の離脱はＥＵ史上初めてのことである。

ＥＵが拡大したことで世界における地位や影響力が一層高まった。しかし同時に問題も顕著になった。国内の状況、経済状態、言葉・文化などが異なる国が集まっているのだから、一致点を見つけるのに時間と手間がかかる。ＥＵの決定は全加盟国の賛成を原則としていたが、意思決定の迅速化をはかるため、多数決により決定できる事項を増やしてきた。それでもなおＥＵでの意思形成には忍耐が必要とされている。

ＥＵには24の公用語がある。加盟国は28か国であるが、ベルギー、ルクセンブルクのようにドイツ語やフランス語を公用語としている国があるから、ＥＵ公用語の数は加盟国数より少なくなる。公用語が24あるということは、書類や協定などの文書を24の言語で作り、会議の時には24の言語の通訳を用意するということだ。その書類や手間の量たるや膨大なものだが、28の国が意見を一致させ、協調して行動するとはそういうことである。

ＥＵは大きくなりすぎたと批判する声がある。有機的組織体ではなく、単なる寄せ集めの集団だとする人もいる。実際、ＥＵ内ではさまざまなあつれきが浮き彫りになってきている。

そのひとつが「東西問題」だ。ＥＵは本来西ヨーロッパの共同体だったが、冷戦終結後旧共産圏の東欧諸国が大挙して加盟した。東ヨーロッパ諸国は総じて経済力が弱く、ＥＵから多額の補助金を受け取っている。民主主義も完全には根付いておらず、その政治手法ゆえに西ヨーロッパ諸国との間で摩擦を生んでいる。もともと移民の少ない地域なので、西ヨーロッパ諸国が主張する移民受け入れ政策と対立し、この分野ではかたくなな態度を取り続けている。さらに、生活水準が高く、賃金のよい働き口のある西ヨーロッパに向けて、東ヨーロッパからたくさんの人々が移住している。ＥＵの移動の自由の恩恵を受けているのだが、受け入れ国では賃金ダンピングや雇用機会の減少、移民の急増などに一般市民が不安を募らせている。英国ではこれがＥＵ離脱の一因となった。

加えて「南北問題」がある。経済が堅調で、しまり屋の多い北部（スカンジナビア、オランダ、ドイツなど）と、経済がぜい弱で、財布のヒモの緩い楽天的な南部（地中海沿岸諸国）。両者の間にある考え方や政治手法の違いが時折表面化する。それが顕著に現れたのがユーロ危機への対応である。ドイツを中心とした北部は、経済支援と引き換えに、ギリシャに対して財政支出の圧縮、行政改革、消費税引き上げ、年金をはじめ社会保障のスリム化など身を切る改革を求めた。実際、ドイツでは２０００年から大胆な改革を実行して財政を立て直し、その後の好景気へとつながっていった。ドイツ国民の間では、「怠け者」のギリシャ人のために、自分たちが身を切る改革をして稼いできたお金を差し出すことへの不満が渦巻いていた。一方ギリシャ人たちは、お金があるのに支援を出ししぶり、自分たちに無理難題を突きつけるドイツに対し怒りをぶちまけた。財政規律、節約を身上とする北と、節約を自己目的化せず、生活を楽しむために使ってこそお金の意味があるとする南との間には、越えがたい価値観の違いがあるのかもしれない。

また、多くの加盟国が国内にＥＵ反対派ないしは懐疑派を抱えている。ＥＵ離脱を主導した英国独立党、フランスの国民連合、オランダの自由党、政権に参画しているイタリアの「同盟」とオーストリアの「オーストリア自由党」などだ。ドイツにも同様に「ドイツのための選択肢」（ＡｆＤ）がある。さらに、これらの勢力が国境を越えて連携する動きがある。ＥＵの統合が進展・深化するにつれ反発も強まっている。特に、ＥＵ本部のあるブリュッセルにいながら、各国の政策や法制度に「一方的に指示」を与えているＥＵ官僚への批判は強い。選挙の洗礼を受けないＥＵ官僚から指示を受ける理由はないとか、「主権を取り戻せ」とかいうＥＵ懐疑派のスローガンに共感を覚える人たちは少なくない。

「Ｄｅｘｉｔ」はありうるか

「Ｄｅｘｉｔ」、つまりドイツのＥＵ離脱は起こりうるだろうか。一時ギリシャの離脱「Ｇｒｅｘｉｔ」が話題になり、英国の離脱「Ｂｒｅｘｉｔ」は現実となった。ではドイツはどうだろうか。英国の国民投票を前にしてドイツで実施されたアンケートでは、79％のドイツ人がドイツのＥＵ離脱には反対するとしている。賛成はわずか17％で、賛成者の大半が反ＥＵ政党「ドイツのための選択肢」（ＡｆＤ）の支持者だった。

ドイツのＥＵ離脱には、第一に手順の問題がある。ドイツは英国のように国民投票で決めることはできない。基本法（憲法）で認められている国民投票は、連邦州の新たな編成を対象とした州レベルの住民投票と、新しい憲法を定める時の国民投票のみである。だから、ＥＵ脱退あるいは残留を対象とする国民投票は不可能である。これを実施するにはまず憲法改正が必要だ。

次に損得の問題がある。ドイツは離脱により得をするだろうかとの意識調査に対しては、不利益のほうが勝るという答えが大勢を占めている。また、ＥＵはドイツの利益となっているかという問いには、56％の人が不利益よりも利益のほうが大きいとしている。不利益のほうが大きいとしたのは12％しかなかった。２０１０年当時の同様の調査ではまったく逆で、利益とする人は21％、不利益とする人は36%だった。英国のＥＵ離脱をめぐる議論がはからずも、ＥＵの利点をはっきり認識させる機会となった格好だ。

利益・不利益の議論の背景には分担金をめぐる損得勘定がある。ＥＵ加盟国が払い込む分担金は各国の国民総所得（ＧＮＩ）に応じて決められている。いったんＥＵに集められたお金はさまざまな補助金の形で加盟国に再分配される。簡単にいえば、経済、社会、農業、インフラなどに問題を抱えている国ほど補助金を多くもらえる。ドイツは最大の分担金拠出国であるが、ＥＵから受け取る分配金は多くない。分担金と分配金の差額はドイツが年間１０７億ユーロで、第２位の英国（54億ユーロ）を大きく引き離している。反対に、払い込んだお金よりも多くを受け取っている国が少なくない。たとえば、ポーランドは86億ユーロも多く受け取っていて、最大の受益国となっている。これがドイツ国内のＥＵ離脱派を勢いづかせる要因ともなっている。ただ、これを国民１人当たりの金額でみるとスウェーデンが最大の拠出国で、ドイツは第２位となる。しかし残留派に言わせれば、これは結局のところドイツの利益として戻ってくるという。ＥＵからの分配金で加盟各国の経済やインフラなどが整備されることになればドイツの輸出機会が高まるし、加盟国の生活水準が向上すれば定評のあるドイツ製品を買ってくれる一大消費地ともなるわけだ。

さらに、世界第3位の輸出大国ドイツの主要輸出先はＥＵ圏だ。輸出の58%がＥＵ加盟国向けである。関税もなく、共通通貨ユーロにより為替リスクもなく、貿易や流通に際して煩雑な手続きもない、欧州統一市場の恩恵を一番に受けているのはほかならぬドイツである。ＥＵに支払うお金の倍以上の利益を受けているとされている。ドイツはEU圏の中央に位置し、域内の流通や人の移動の交差点となっており、貿易立国ドイツに有利に働いている。EU離脱となればこの地位を失うことになる。そして、ドイツの銀行や企業はEU諸国に活発に投資を行っているので、ドイツ内外の金融市場に大混乱をもたらすことになるのだ。

そして重要なことは、EUの出発点が経済のためではなく、「理念」に基づいているということである。それは「ヨーロッパ大陸で二度と戦争を起こさない」というものだ。加えてドイツとしては「過去」に対する反省の意味もある。戦後、当時の西ドイツは西ヨーロッパおよび西側の一員となることを決め、EUの前身である共同体の創設に参加し、NATOに加盟した。対するフランス、英国など西ヨーロッパ諸国も二度の世界大戦を引き起こしたドイツを自らの陣営に取り込み、再び戦争を起こさせないようにした。ドイツ再統一にあたって、フランスや英国ではドイツの過去に対する記憶がよみがえり、強大な統一ドイツが欧州の中央に再び出現することへの危惧が高まった。ドイツは、統一後もNATOにとどまること、EUにあっては統一通貨ユーロ導入によりEUにより深く組み込まれることでこれらの懸念を取り払い、統一にこぎつけた経緯がある。だから、ドイツがEUを離脱しようものなら、その衝撃や影響は英国の離脱とは比べものにならない。

英国は1973年に加盟したが、加盟後もおよび腰なところがあり、自国の利益にかかわることには積極的に関与する半面、そうでないと大陸側のお手並み拝見といったような態度が垣間見えた。これに対し、ドイツはEU経済の中心であり、同じコアメンバーのフランスとともに欧州統合を積極的に推進してきた。いわばEUの屋台骨のひとつであるから、ドイツが抜けたらEU崩壊は火を見るよりも明らかだ。ドイツを含めたEU各国もこのことを認識している。その責任の重大さからして、ドイツにとってEU離脱は選択肢にはなりえない。ドイツのEU離脱は考えにくいという結論にたどり着くが、英国の国民投票の結果やその他の状況を見ると、ドイツ国内で反EU感情が一気に高まり、その高揚感の中でEU離脱へと突き進む可能性がまったくないとは言い切れない。

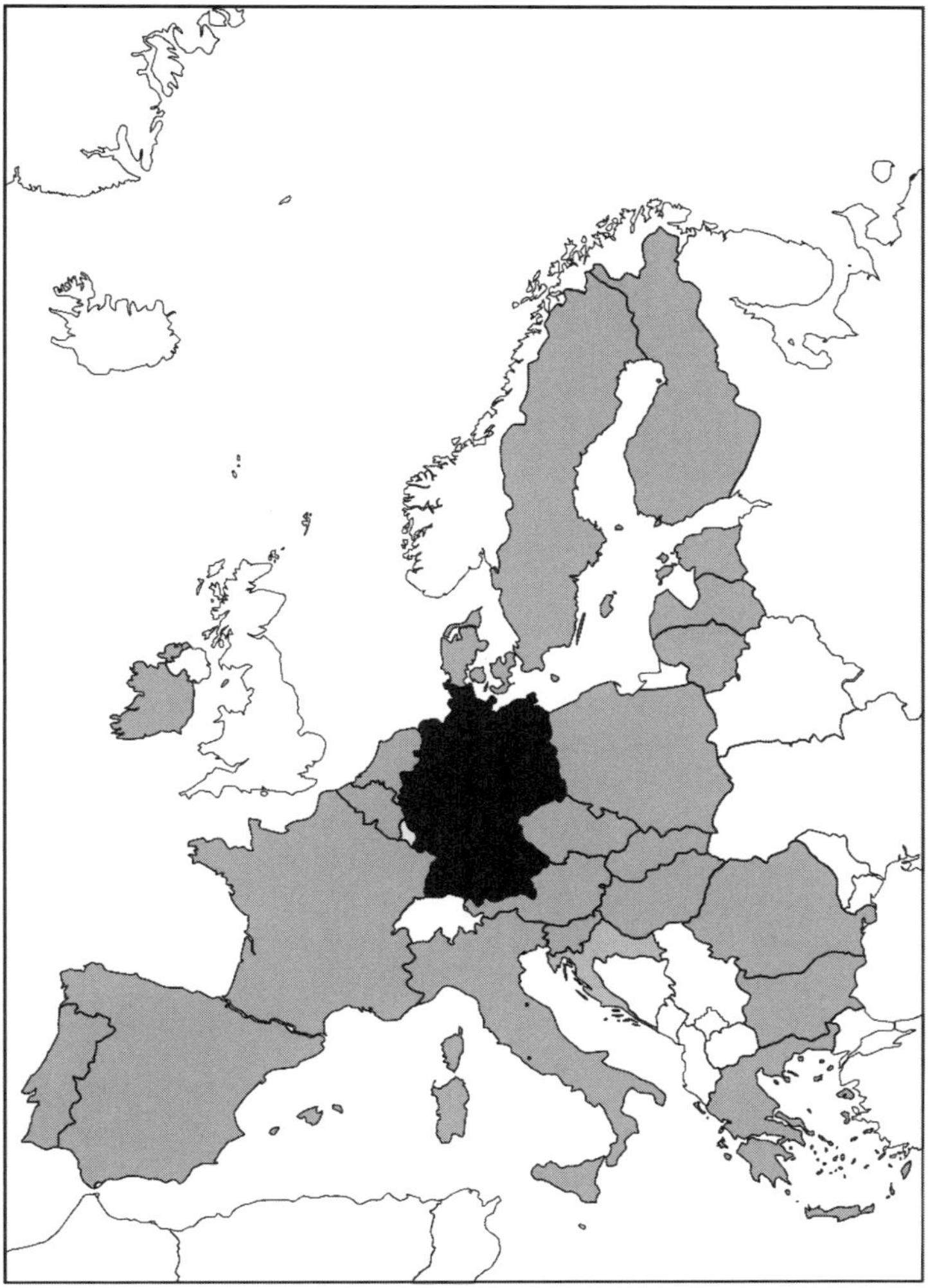

英国離脱後のEU加盟国（黒塗り部分がドイツ）
ドイツはほぼ中央に位置している

岩村偉史（いわむら　ひでふみ）

早稲田大学大学院文学研究科博士前期課程修了。1980年～82年ハイデルベルク大学およびデュッセルドルフ大学に留学。1982年～85年ノルトライン・ヴェストファーレン州立日本語研究所研究員・講師。

1986年～2016年在日ドイツ連邦共和国大使館勤務（安全保障、労働・社会保障問題担当）。成蹊大学非常勤講師兼任。現在、八王子市文化芸術振興評議会評議員。

著書、『異文化としてのドイツ』、『社会福祉国家ドイツの現状』、『ドイツ人の価値観』（以上、三修社）、『ドイツ現代史における4つの11月9日』（白水社）など。

ドイツがわかる――歴史的・文化的背景から読み解く
Deutschland verstehen

2019年10月20日　第1刷発行
2023年10月20日　第3刷発行

著　者　岩村偉史
発行者　前田俊秀
発行所　株式会社 三修社
〒150-0001東京都渋谷区神宮前2-2-22
TEL 03-3405-4511　FAX 03-3405-4522
https://www.sanshusha.co.jp
振替口座00190-9-72758
編集担当　斎藤俊樹
印刷製本　株式会社 平文社

ISBN978-4-384-04824-7 C0095

編集協力　朝日則子
カバー絵　岩村たまよ
装幀　やぶはなあきお